围棋围地二选一

从入门到精通（级位篇）

赵守洵 著

人 民 邮 电 出 版 社
北 京

图书在版编目（CIP）数据

围棋围地二选一从入门到精通. 级位篇 / 赵守洵著
. -- 北京 : 人民邮电出版社, 2020.6
ISBN 978-7-115-53738-6

Ⅰ. ①围… Ⅱ. ①赵… Ⅲ. ①围棋－基本知识 Ⅳ.
①G891.3

中国版本图书馆CIP数据核字(2020)第071881号

内 容 提 要

本书是由少儿围棋教育专家、职业五段棋手赵守洵专为围棋初学者创作。本书按照围地的思维逻辑，分别介绍了如何找到重点区域、如何选择防守和扩张，讨论了围地的间距问题，并详细解析了实用的围地技巧和破坏对方地盘的战术，内容涵盖从围棋入门到业余1级所需要掌握的主要围地知识。本书的题目难度循序渐进，讲解层层推进，以抽丝剥茧的方式为读者梳理出清晰的解题思路，能够引发思考，开拓思路，帮助读者获得举一反三的学习效果，有效提升棋艺。

◆ 著　　　　赵守洵
　责任编辑　裴　倩
　责任印制　周昇亮

◆ 人民邮电出版社出版发行　　北京市丰台区成寿寺路 11 号
　邮编　100164　　电子邮件　315@ptpress.com.cn
　网址　https://www.ptpress.com.cn
　大厂聚鑫印刷有限责任公司印刷

◆ 开本：880×1230　1/32
　印张：6.75　　　　　　2020 年 6 月第 1 版
　字数：175 千字　　　　2020 年 6 月河北第 1 次印刷

定价：35.00 元

读者服务热线：(010)81055296　印装质量热线：(010)81055316
反盗版热线：(010)81055315
广告经营许可证：京东工商广登字 20170147 号

目录

教学视频访问说明

本书提供部分习题的教学视频，您可以通过微信中“扫一扫”的功能，扫描本页的二维码进行观看。

步骤 1 点击微信聊天界面右上角的“+”，弹出功能菜单（如图 1 所示）。

步骤 2 点击弹出的功能菜单中的“扫一扫”进入功能界面，扫描本页的二维码。

步骤 3 如果您未关注“人邮体育”公众号，在第一次扫描后会出现“人邮体育”的二维码（如图 2 所示）。关注“人邮体育”公众号之后，点击“资源详情”（如图 3 所示）即可观看教学视频。

如果您已经关注了“人邮体育”微信公众号，扫描后可以直接观看教学视频。

图 1

图 2

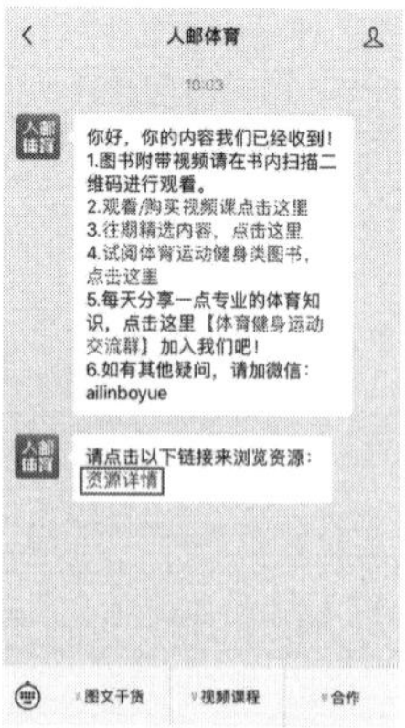

图 3

第 1 章

找到重点区域

本章讨论的重点是战略问题。我们应能够在棋盘上找到需要建设的重点区域，并能够回答一个问题：该围哪里？在本章中，我们将从全局出发，找到重点区域。对于初学者来说，本章会有一些挑战，但我们不需要应用深度计算，只需要从全局出发分析局势即可。找到哪里是“大”的地方，哪里是“紧急”的地方就可以了。

小贴士

注意观察，所有的问题都会有线索。先找出是否有需要通过“围地”来巩固的危险棋子。如果没有，再找找哪里更宽广，更有建设意义。最后，有些局面需要考虑棋子间的配合，让之前下的棋子发挥价值。以上三点是解题线索。一起加油吧！

第 1 题（黑先）

难度：★

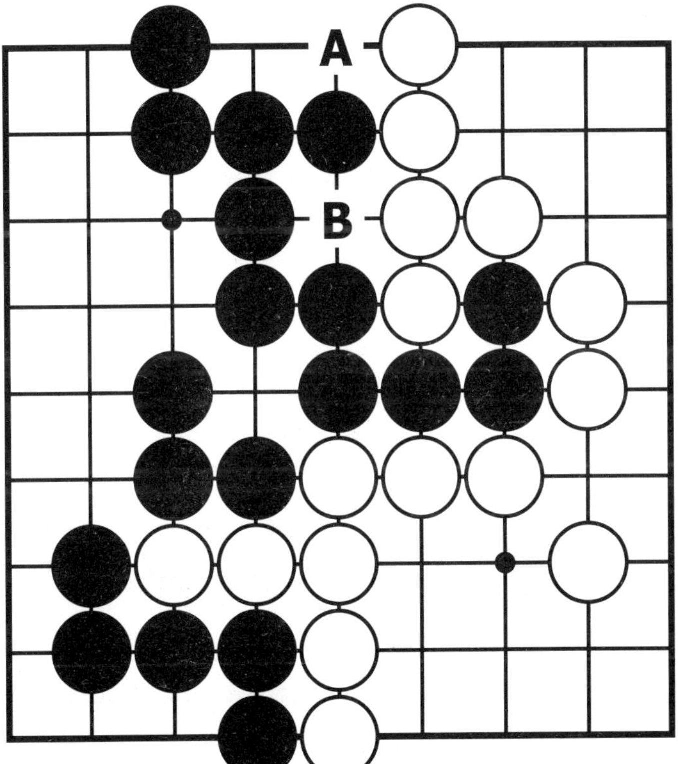

想一想，应该围哪里？在正确选项后面的括号中画「√」。

A（　　）　B（　　）

正解

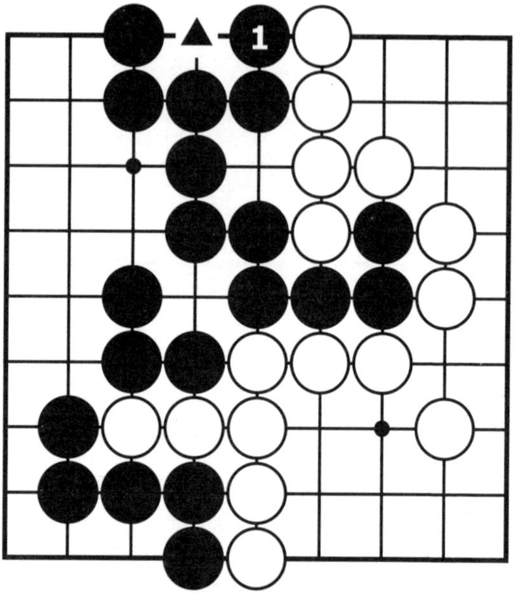

黑 1 正确。占领此处黑棋将收获 1 目，这是当前最大的地方。

错解

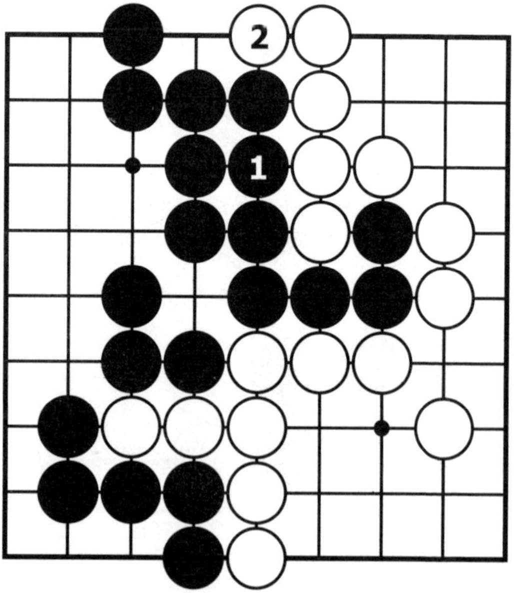

黑 1 错误，此处没有价值，白 2 破坏黑棋 1 目，黑失败。

Q2 第 2 题（黑先）

难度：★★

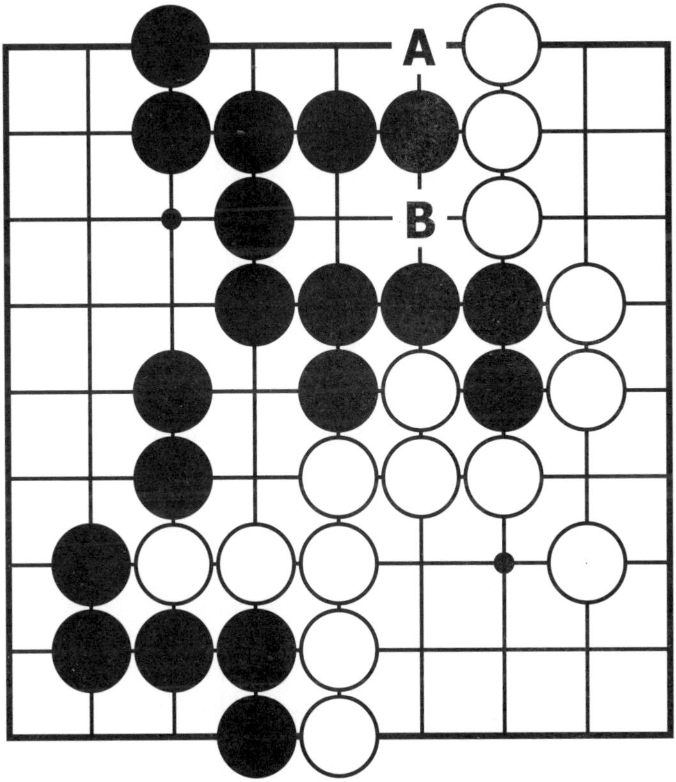

想一想，应该围哪里？在正确选项后面的括号中画「√」。

A（　　）　B（　　）

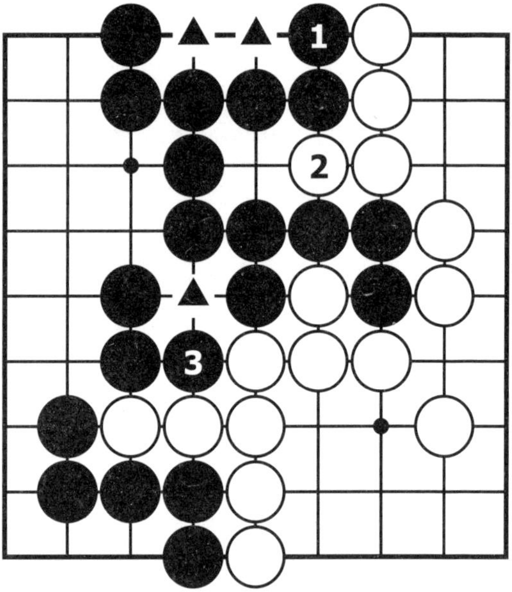

正解

黑 1 正确。占领此处黑棋将收获 2 目，这是当前最大的地方。白 2 破坏黑棋 1 目，黑 3 还可以收获 1 目。

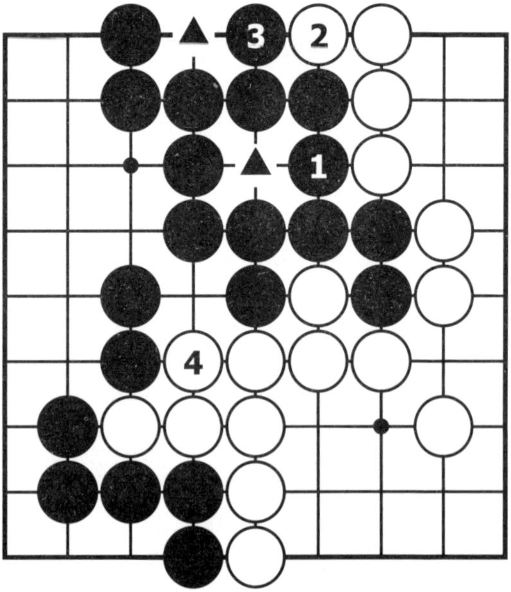

错解

黑 1 错误，此处只有 1 目，白 2 破坏黑棋 1 目后，于 4 位再破黑棋 1 目，黑失败。

3Q 第3题（黑先）

难度：★

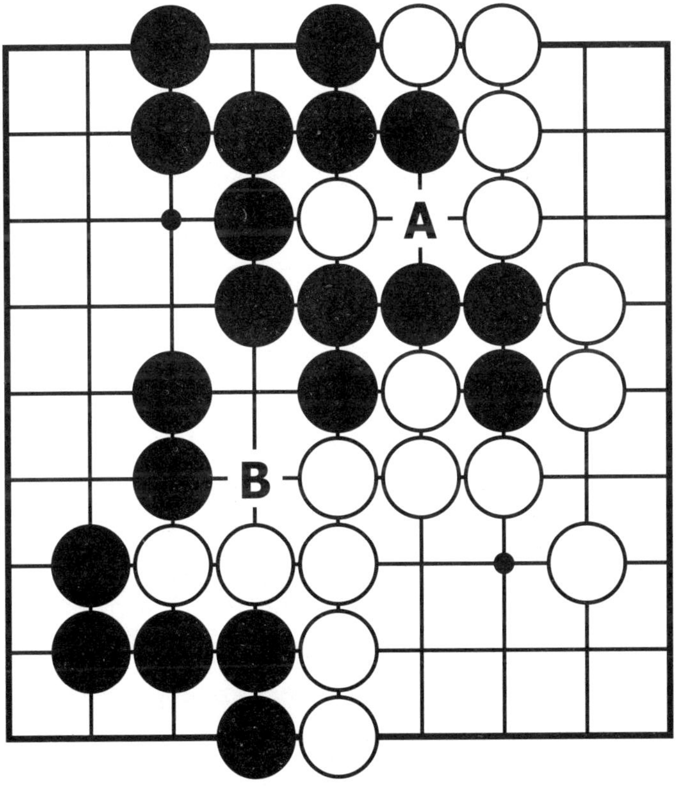

想一想，应该围哪里？在正确选项后面的括号中画「√」。

A（　　）　B（　　）

正解

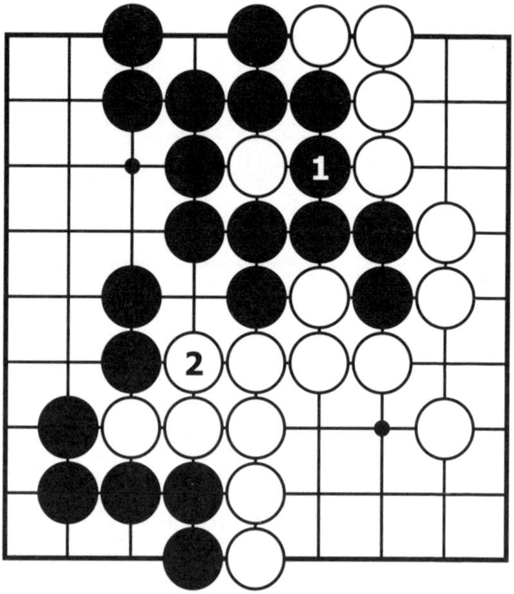

黑 1 正确。占领此处吃掉白棋一颗棋子，黑棋将收获 2 目，这是当前最大的地方。

错解

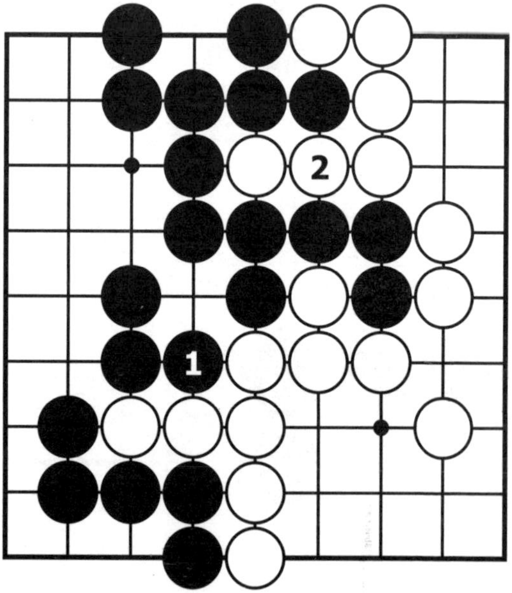

黑 1 错误，此处只有 1 目，白 2 连回一子是2 目，黑失败。

4 第 4 题（黑先）

难度：★

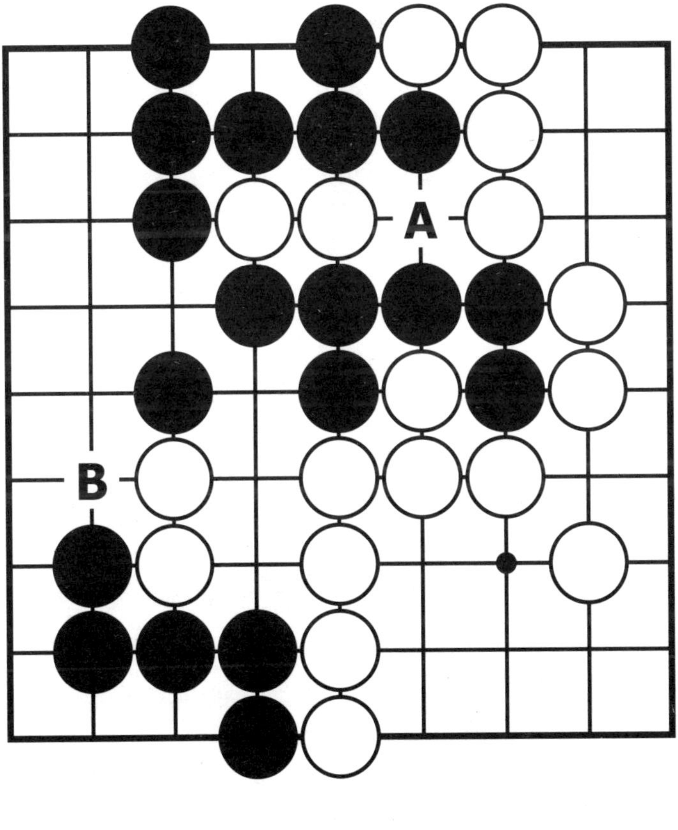

想一想，应该围哪里？在正确选项后面的括号中画「√」。

A（　　）　B（　　）

正解

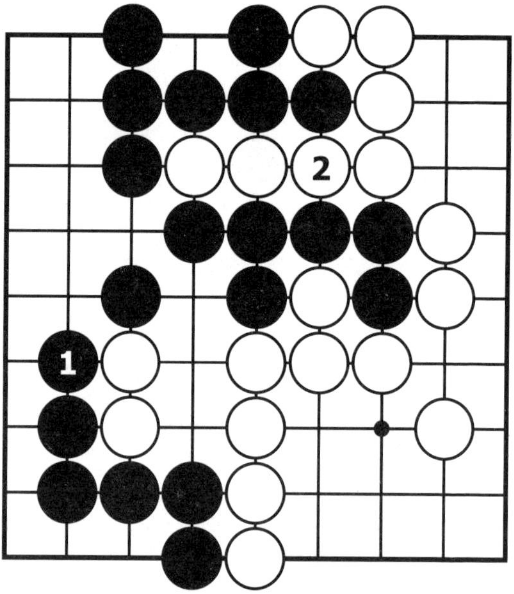

黑 1 正确。此处必须防守，这是当前最大的地方。

错解

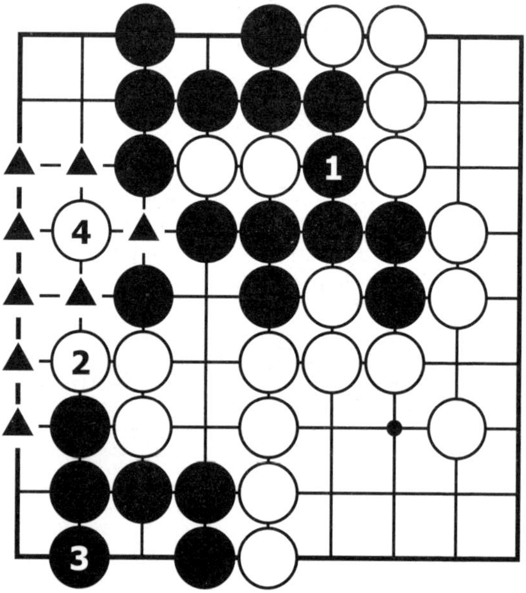

黑 1 错误，虽然吃掉白棋两颗棋子，但被白 2 冲进黑方阵营，黑棋损失惨重，黑失败。

5 第 5 题（黑先）

难度：★

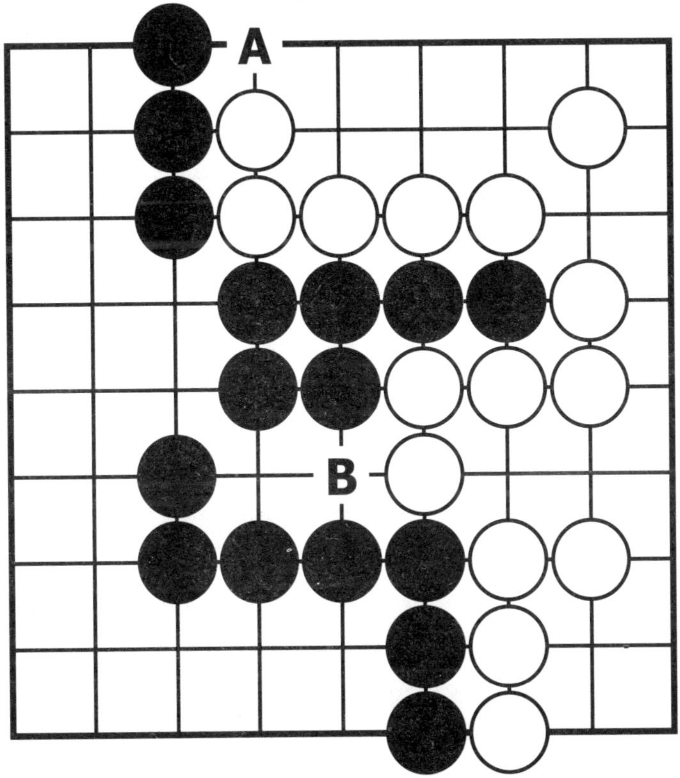

想一想，应该围哪里？在正确选项后面的括号中画「√」。

A（　　）　B（　　）

正解

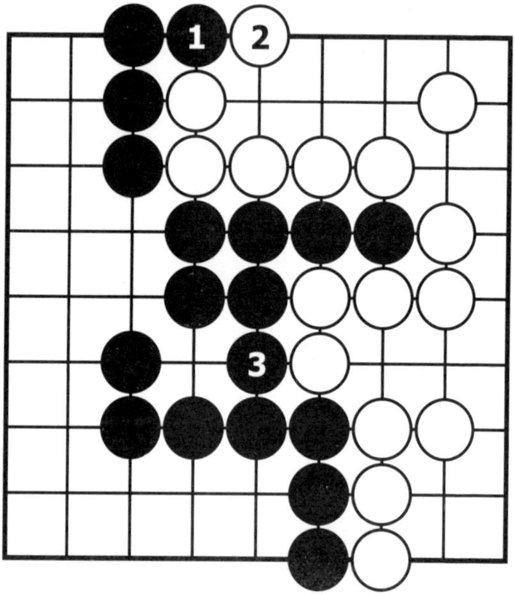

黑 1 正确。此处是“先手”，破坏白方 1 目后再抢到 3 位，占领 1 目。

错解

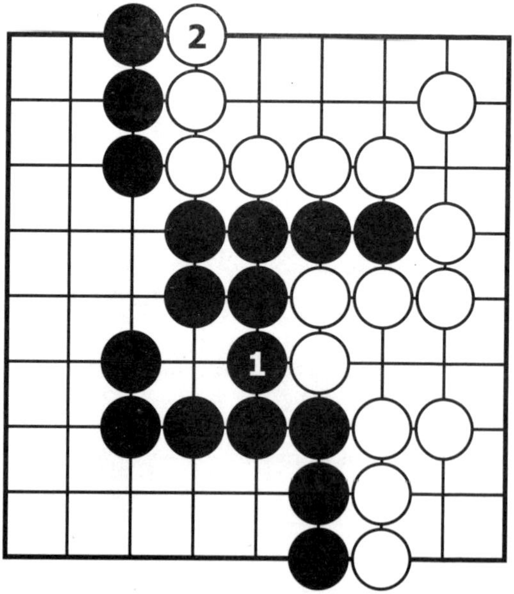

黑 1 错误，此处是后手 1 目，白 2 也可以收获1目，黑失败。

6 第 6 题（黑先）

难度：★

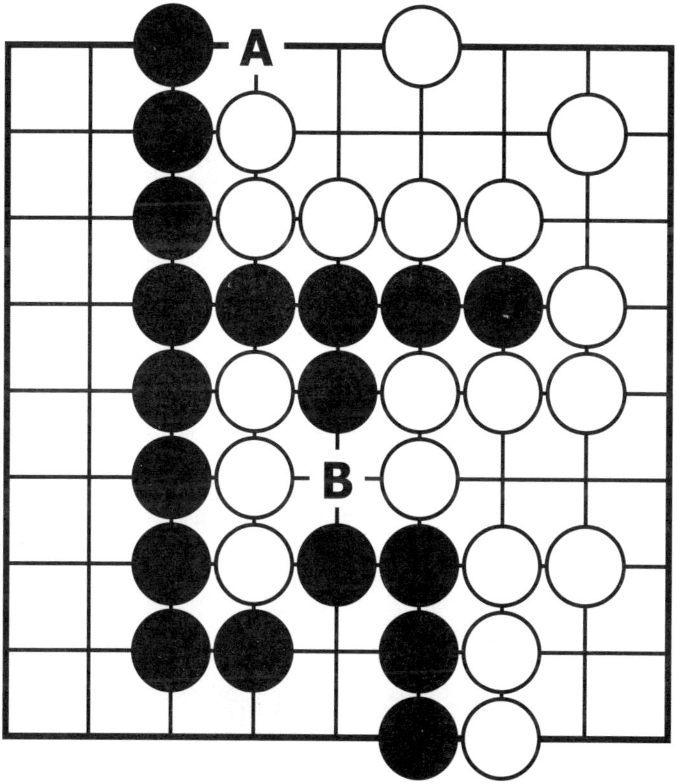

想一想，应该围哪里？在正确选项后面的括号中画「√」。

A（　　）　B（　　）

正解

黑 1 正确。吃掉白方 3 颗棋子，收获 6 目，此处是当前最大的地方。

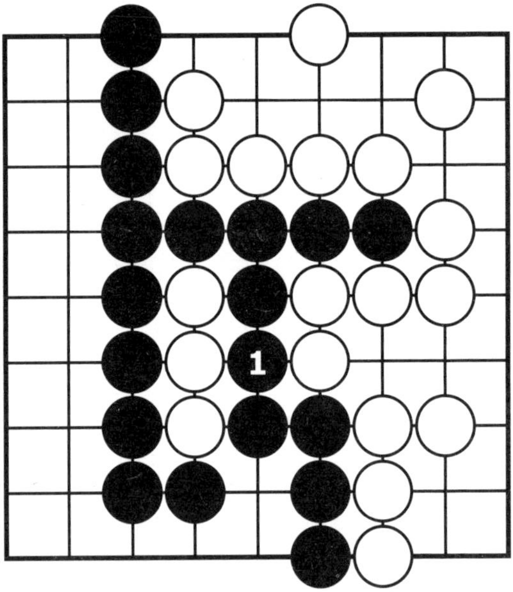

错解

黑 1 错误，此处只有 2 目，白 2 连回 3 颗棋子是 6 目，黑失败。

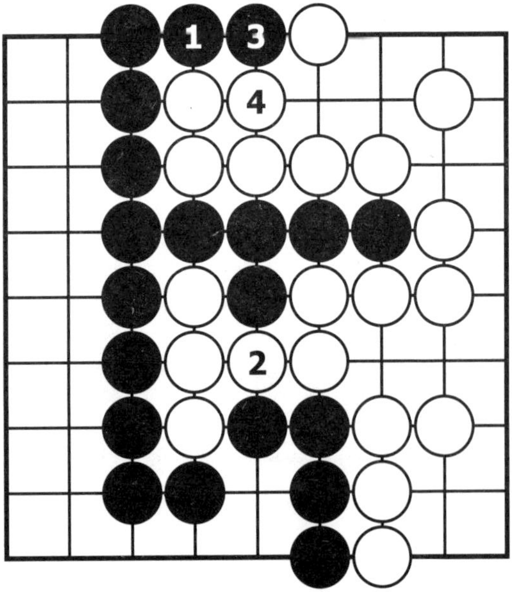

7 第 7 题（白先）

难度：★

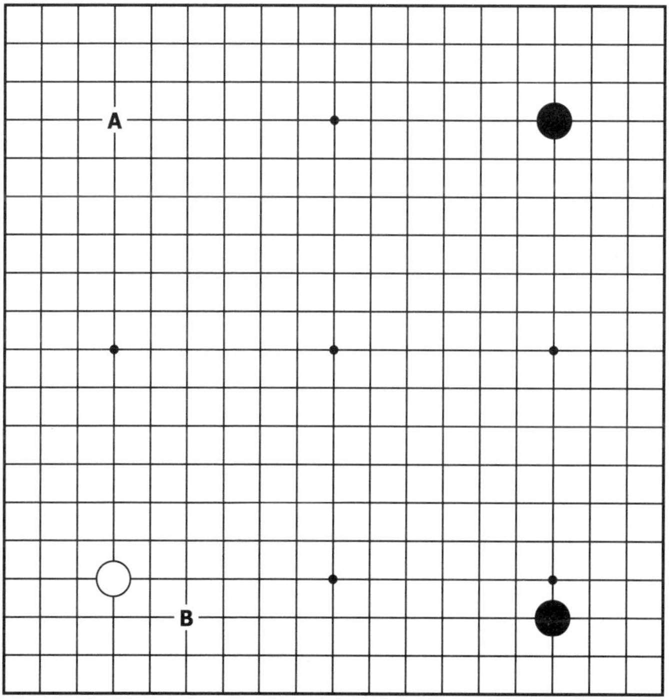

想一想，应该围哪里？在正确选项后面的括号中画「√」。

A（　　）　B（　　）

正解

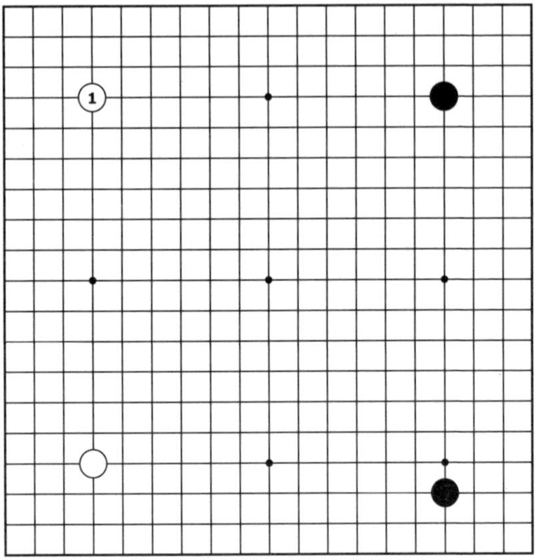

白 1 方向正确，占领的此处是全局最大的地方。白 1 是最后的“角”，必须抢占！

错解

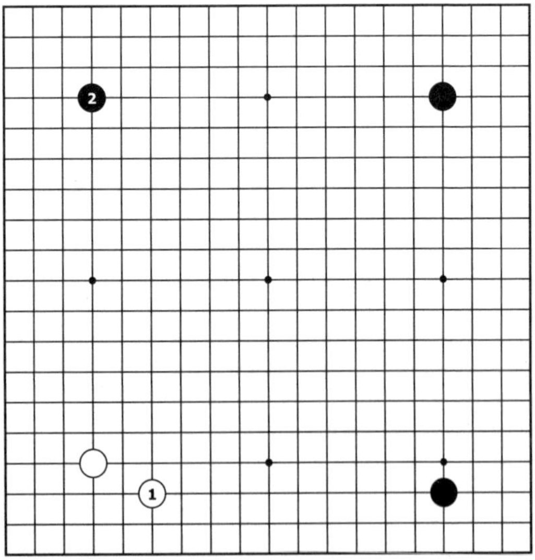

白 1 方向错误，被黑 2 占领全局最后一个角，白失败。

8 第 8 题（黑先）

难度：★

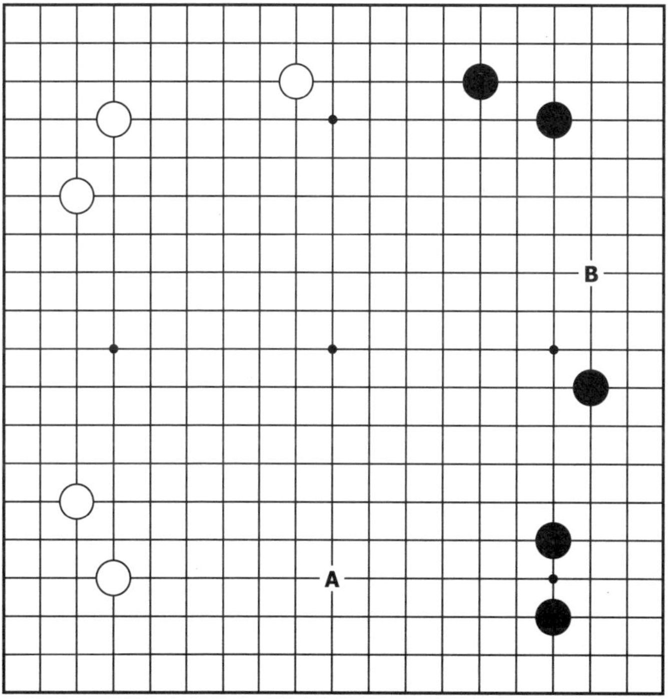

想一想，应该围哪里？在正确选项后面的括号中画「√」。

A（　　）　B（　　）

正解

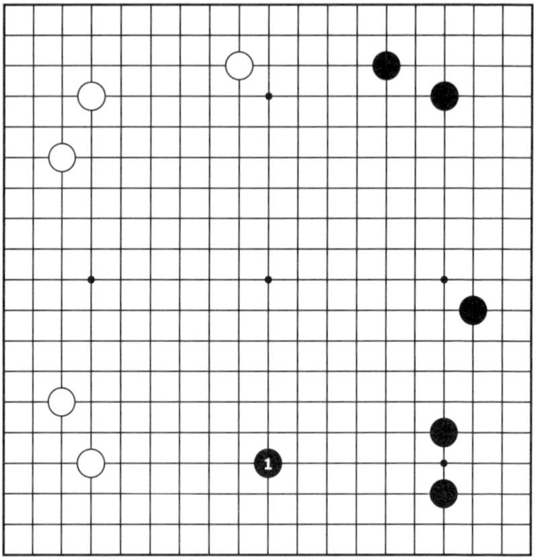

黑 1 方向正确，占领的此处是全局最大的地方。此为双方势力消长的要点。

错解

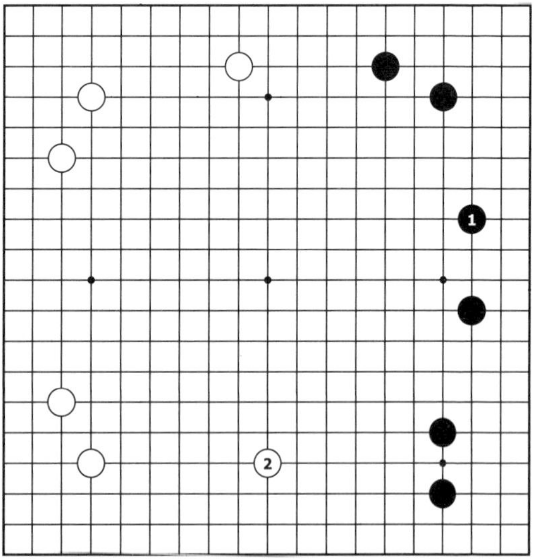

黑 1 方向错误，此处不大，被白 2 占领双方势力消长的要点，黑失败。

9 第 9 题（黑先）

难度：★

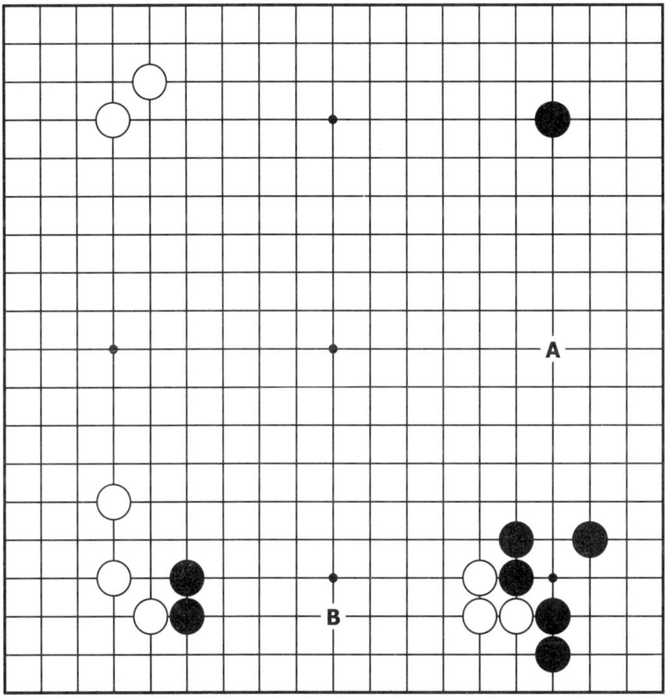

想一想，应该围哪里？在正确选项后面的括号中画「√」。

A（　　）　B（　　）

正解

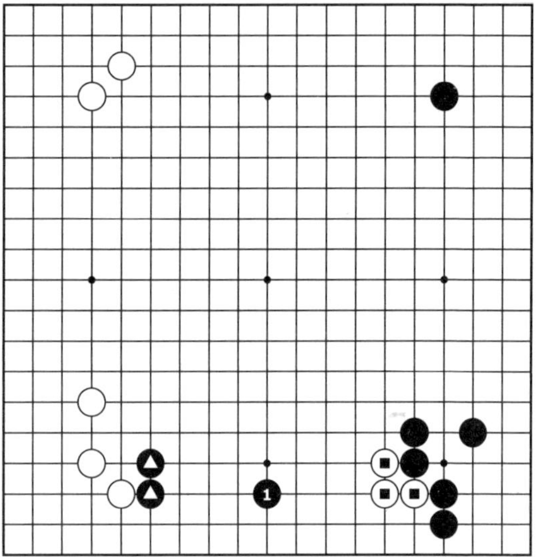

黑 1 方向正确，此处关系到黑左下 2 子和白右下 3 子的根据地，是全局的要点。

错解

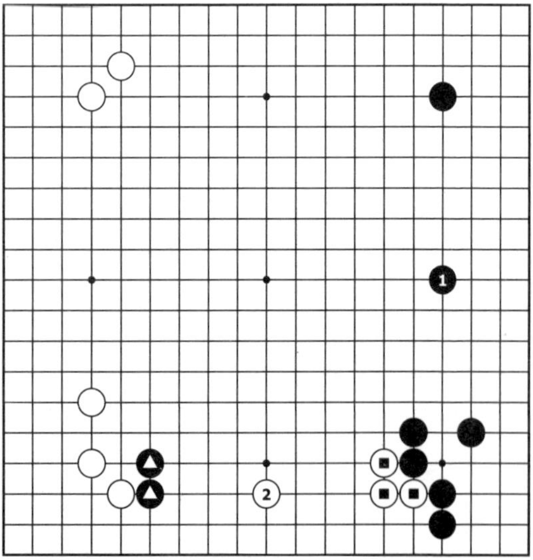

黑 1 方向错误，被白 2 占领要点，白右下 3 子得以安定，黑左下 2 子受到威胁，黑失败。

10 第 10 题（黑先）

难度：★

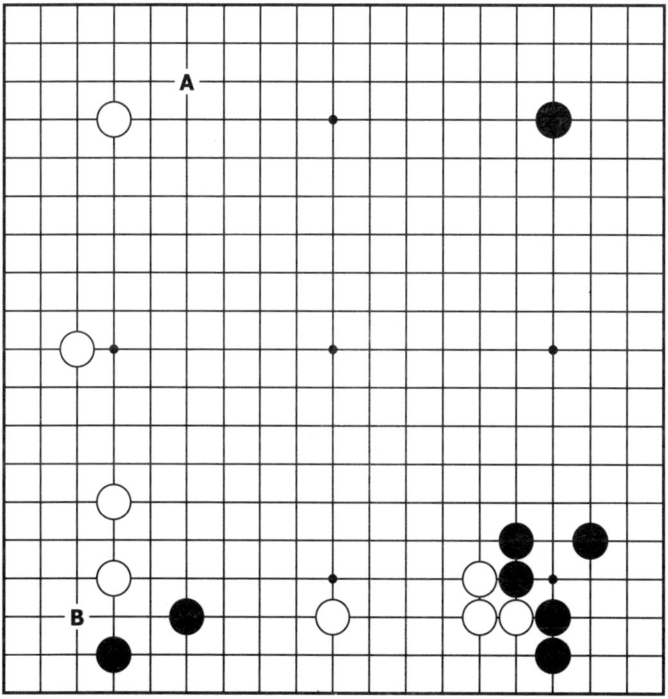

想一想，应该围哪里？在正确选项后面的括号中画「√」。

A（　　）　B（　　）

正解

黑 1 方向正确，此处关系到黑左下 2 子的安全，是全局最大的地方。

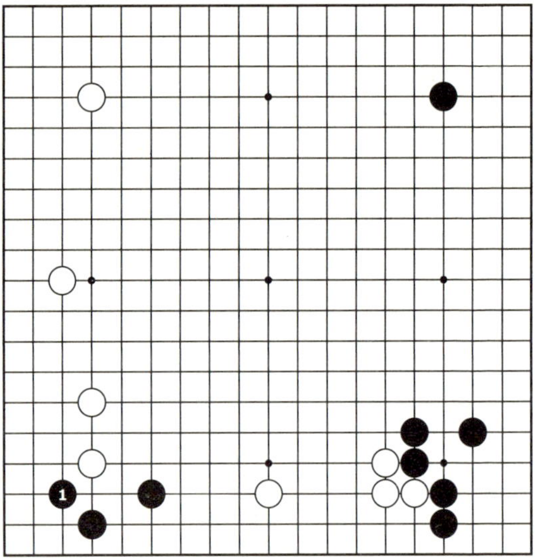

错解

黑 1 方向错误，被白 2 占据要点，黑左下 2 子失去根据地，受到威胁，黑失败。

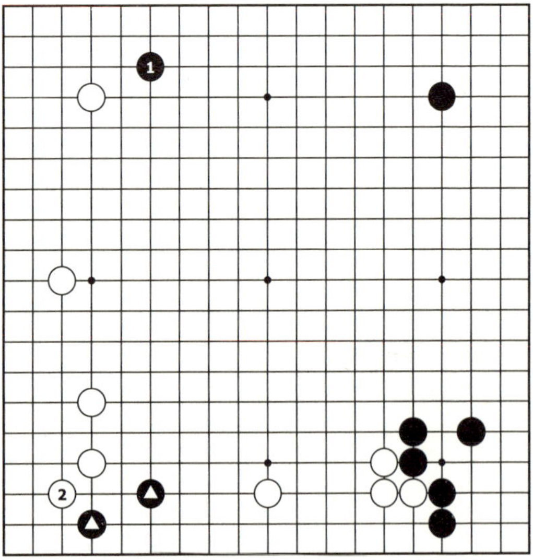

11 第 11 题（白先）

难度：★★

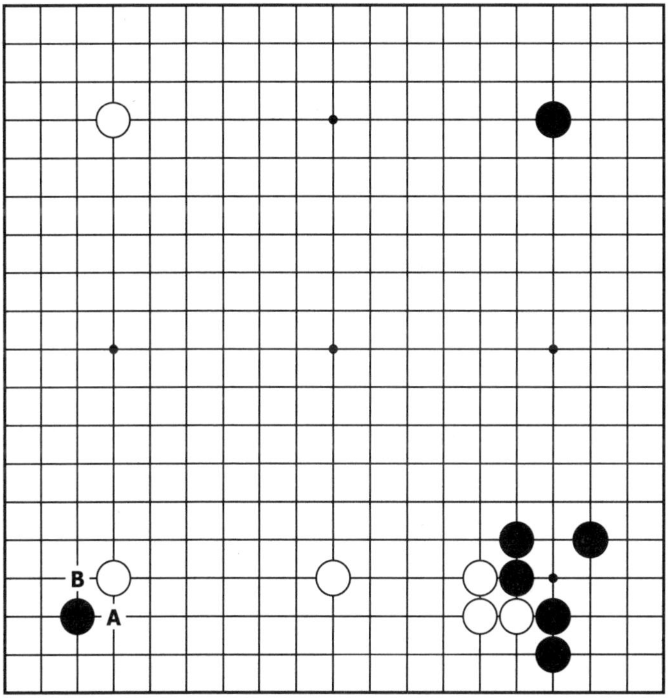

想一想，应该围哪里？在正确选项后面的括号中画「√」。

A（　　）　　B（　　）

正解

白 1 方向正确，与▲呼应，在下方形成可观的势力。

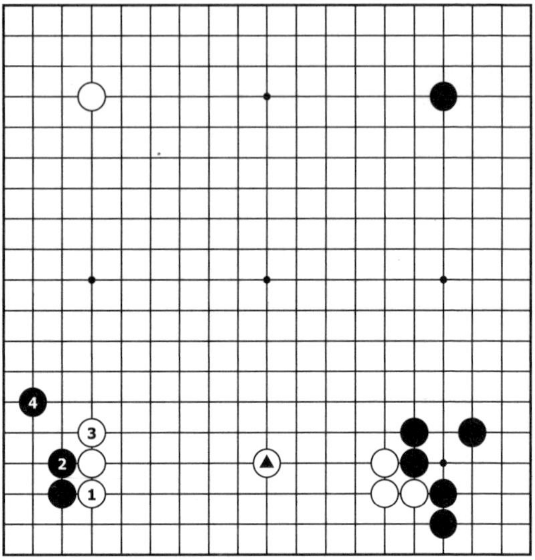

错解

白 1 方向错误，黑 2 以下顺势进入白棋领地，白失败。

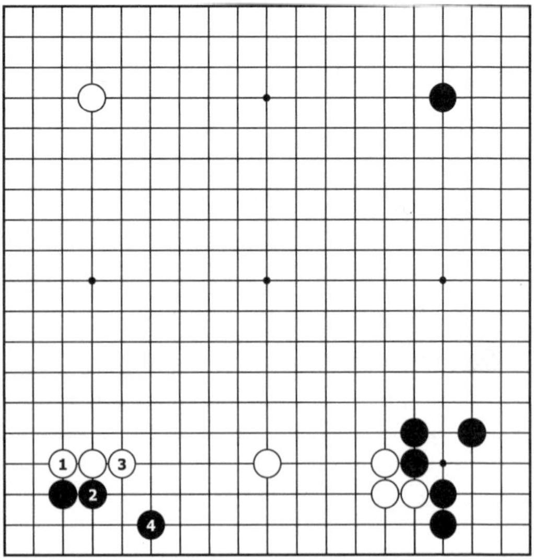

12 第 12 题（白先）

难度：★★

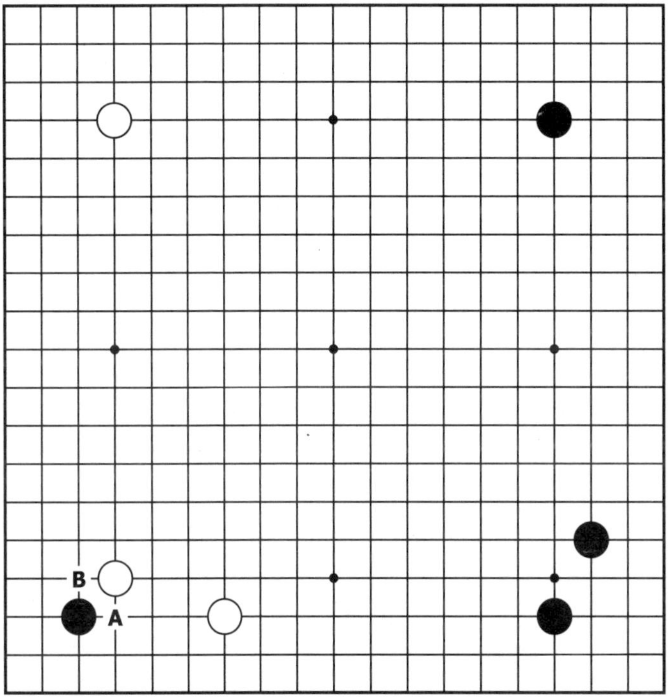

想一想，应该围哪里？在正确选项后面的括号中画「√」。

A（　　）　B（　　）

正解

白 1 方向正确，把棋子下到更宽阔的地方是正确的选择。

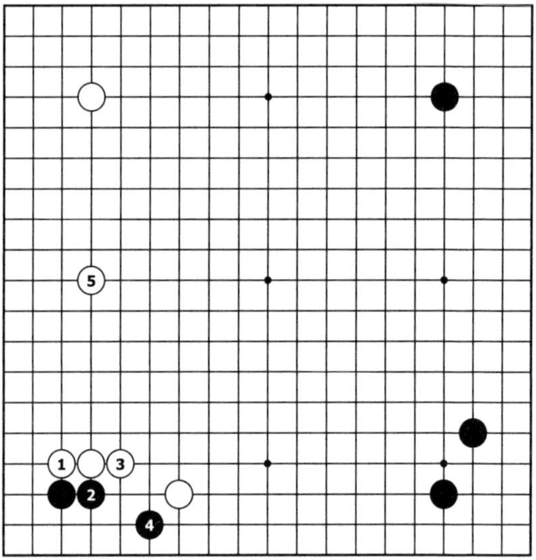

错解

白 1 方向错误，左下角的配置并不理想，间距太窄，不能满意。

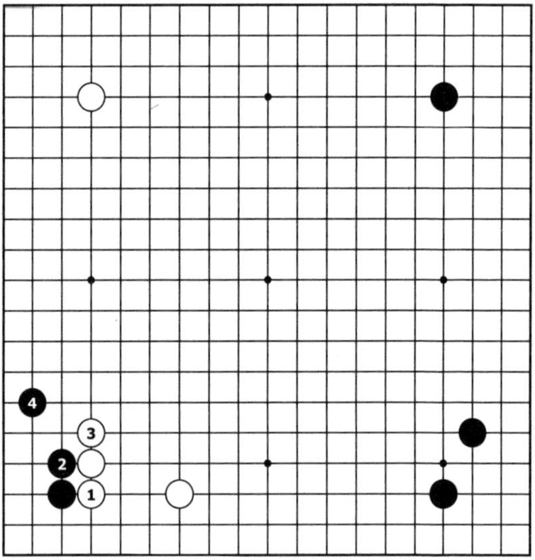

13 第 13 题（白先）

难度：★★

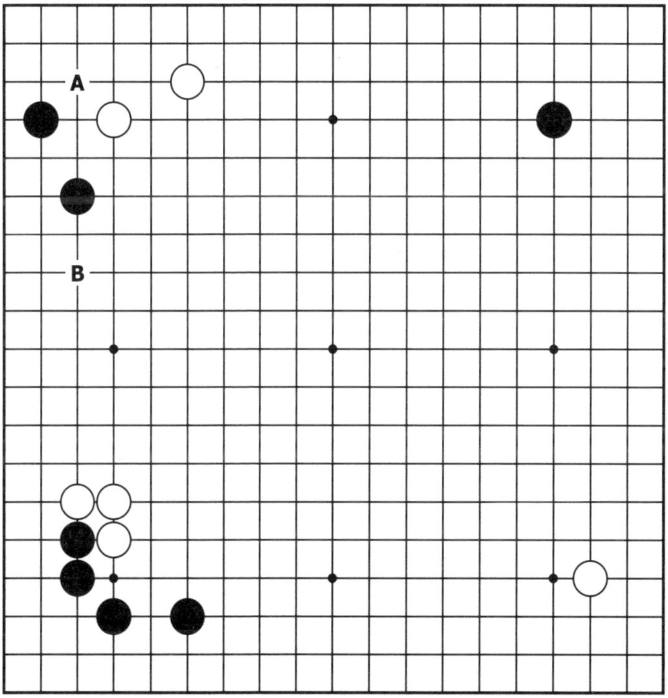

想一想，应该围哪里？在正确选项后面的括号中画「√」。

A（　　）　　B（　　）

正解

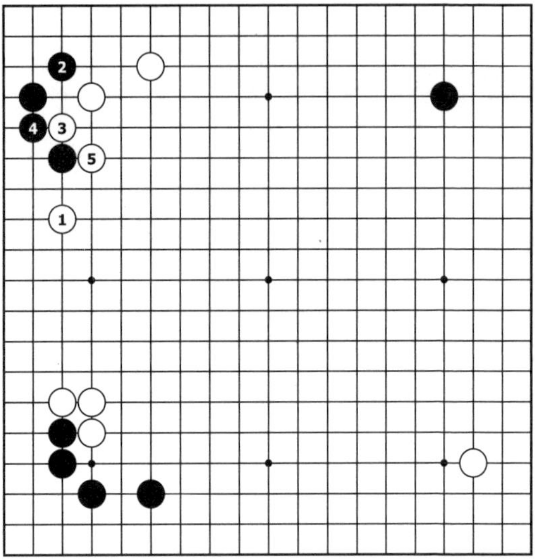

白 1 方向正确，围地的同时兼顾下方的配置。

错解

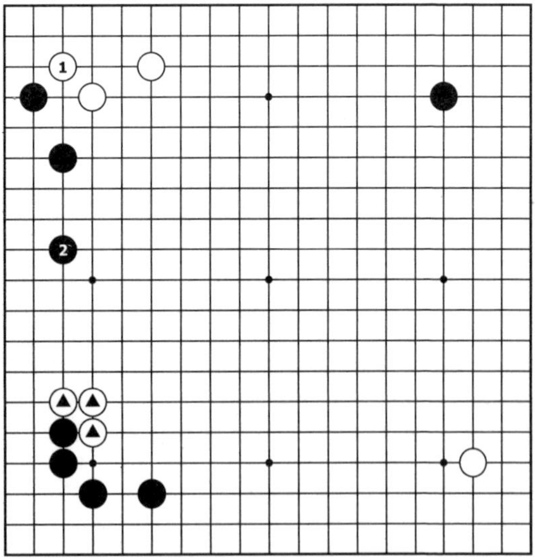

白 1 方向错误，黑 2 之后白左下 3 子失去根据地，受到威胁，白失败。

14 第 14 题（黑先）

难度：★★

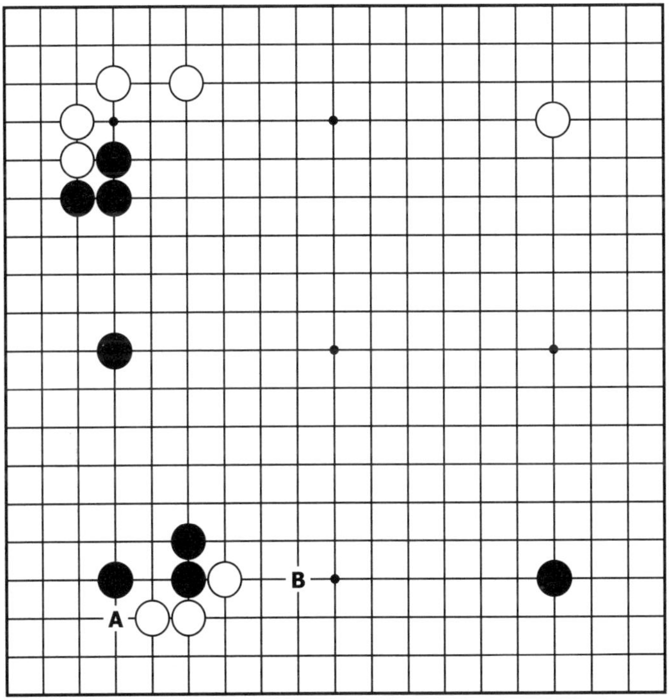

想一想，应该围哪里？在正确选项后面的括号中画「√」。

A（　　）　　B（　　）

正 解

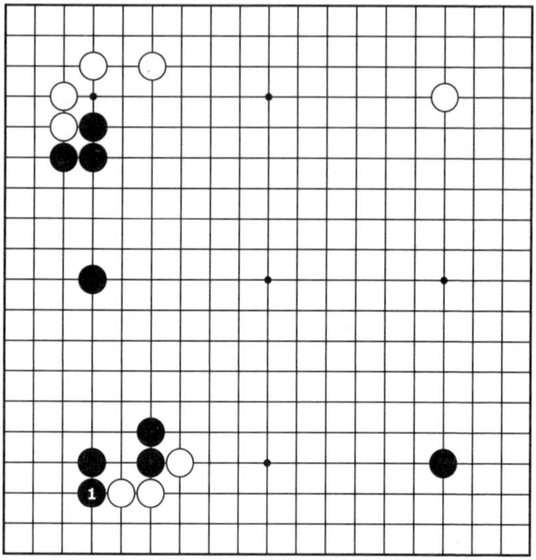

黑 1 方向正确，占领此处既能巩固角部又能威胁白棋的安全，一子两用。

错 解

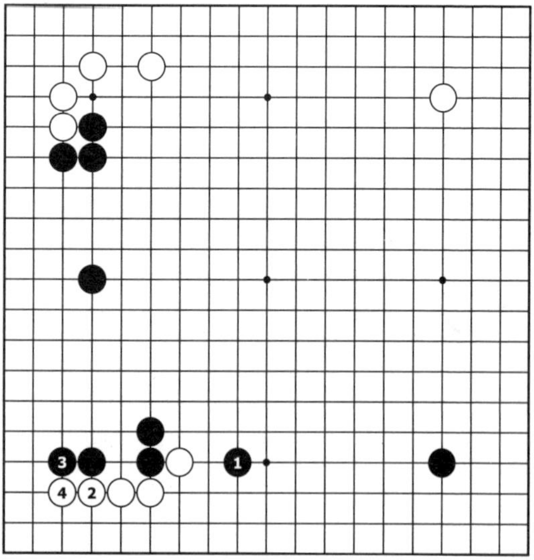

黑 1 方向错误，白 2 以下顺势进入黑方左下角，黑失败。

15 第 15 题（黑先）

难度：★★

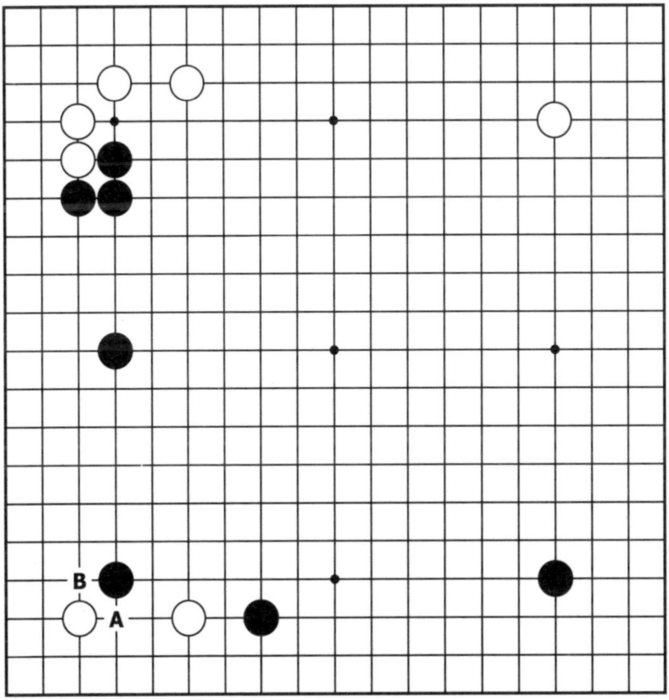

想一想，应该围哪里？在正确选项后面的括号中画「√」。

A（　　）　B（　　）

正解

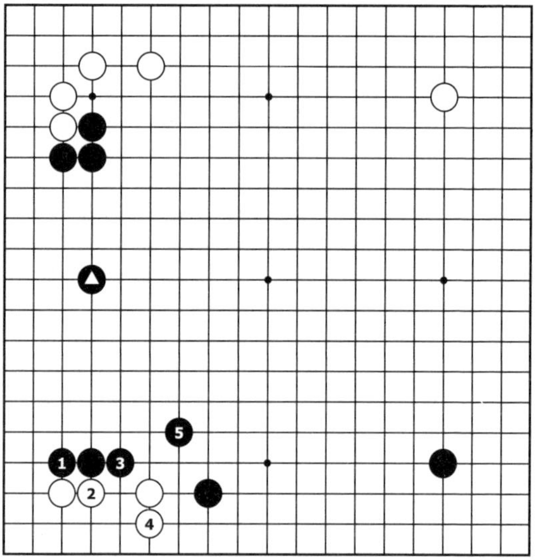

黑 1 方向正确，与△形成呼应，左边势力庞大。

错解

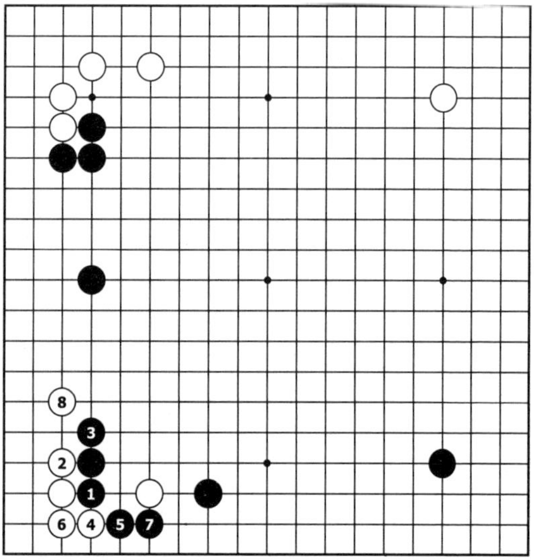

黑 1 方向错误，白 2 以下顺势进入黑棋领地，黑失败。

16 第 16 题（黑先）

难度：★★

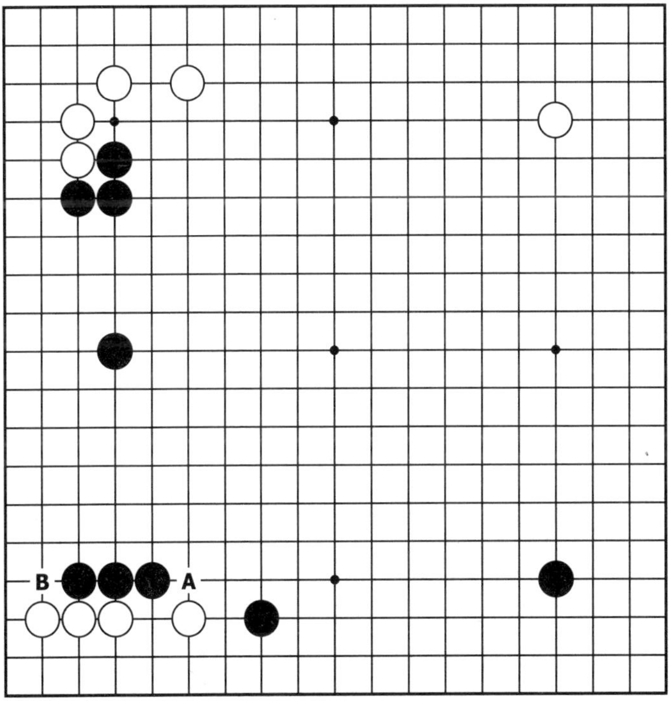

想一想，应该围哪里？在正确选项后面的括号中画「√」。

A（　　）　B（　　）

正解

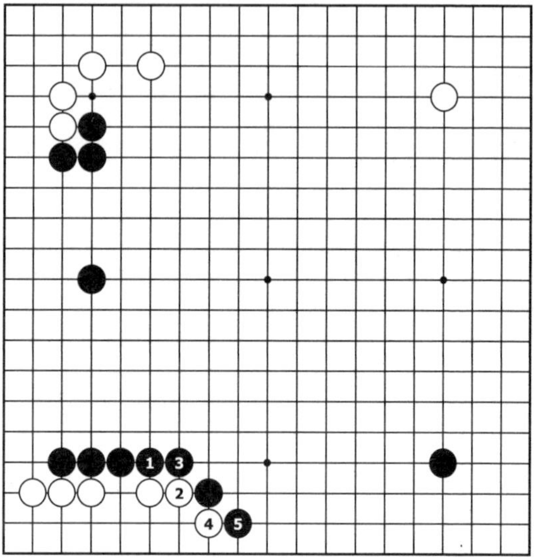

黑 1 方向正确，封锁白棋，将势力连成一片，将来围地的潜力巨大。

错解

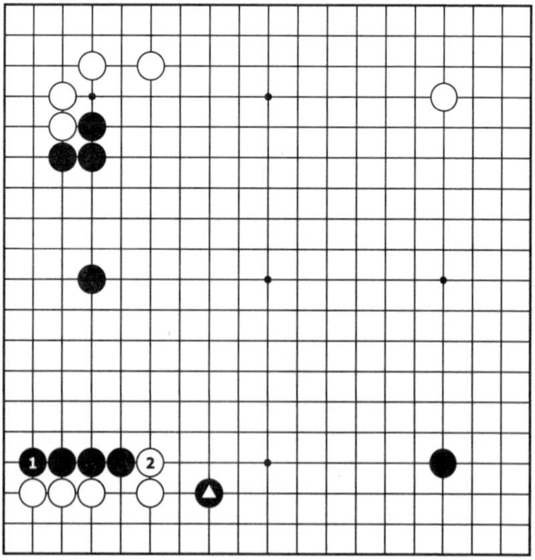

黑 1 方向错误，白 2 出头进入中腹，▲失去作用，黑失败。

17 第 17 题（黑先）

难度：★★

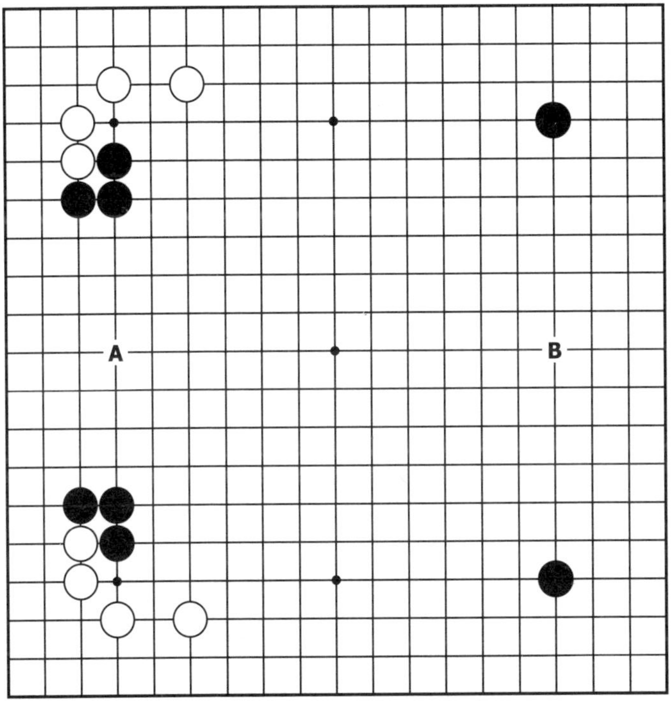

想一想，应该围哪里？在正确选项后面的括号中画「√」。

A（　　）　B（　　）

正解

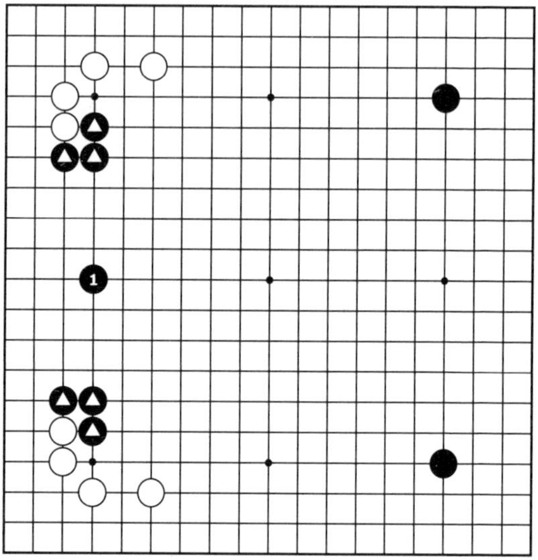

黑 1 方向正确，将左边势力连成一片，充分发挥了左上和左下位置三角棋子的价值。

错解

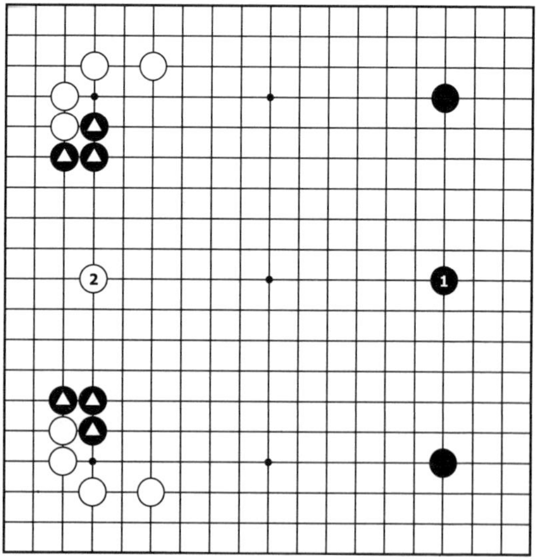

黑 1 方向错误，白 2 不仅破坏黑棋左边阵势，还对黑左上 3 子、左下 3 子构成威胁，黑失败。

18 第 18 题（黑先）

难度：★★

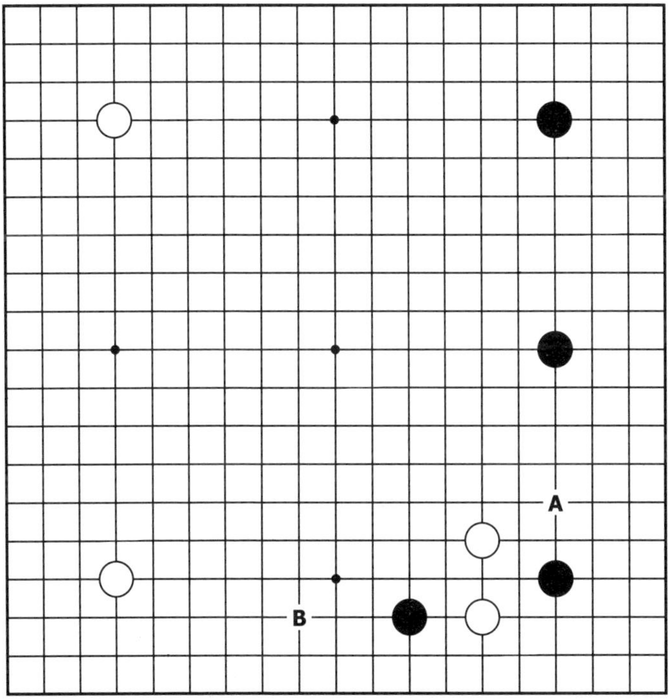

想一想，应该围哪里？在正确选项后面的括号中画「√」。

A（　　）　B（　　）

正解

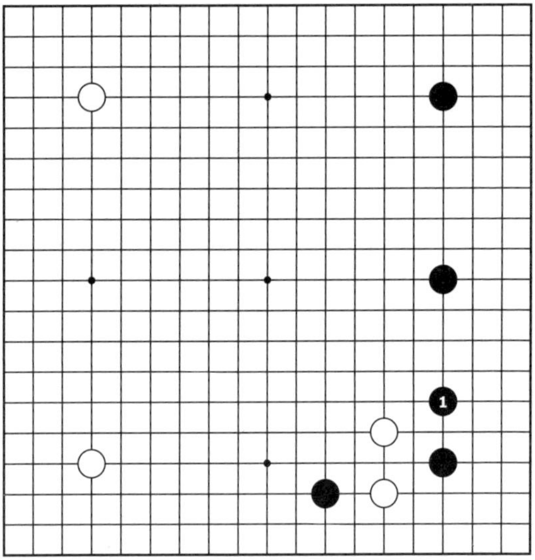

黑 1 方向正确，与右边的棋子形成配合，是唯一的选择。

错解

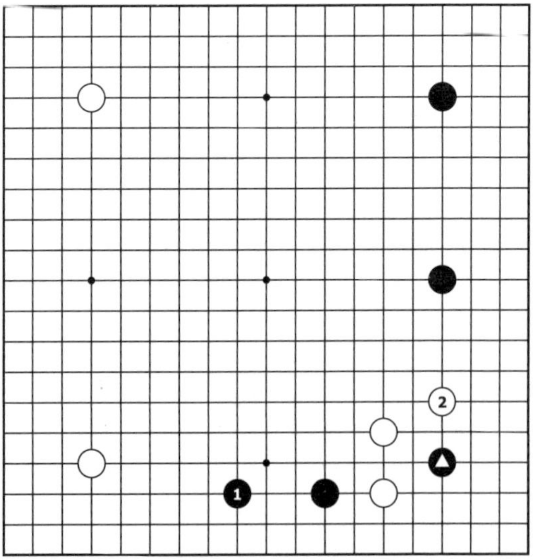

黑 1 方向错误，白 2 以下顺势进入黑棋领地，同时威胁△，黑失败。

19 第 19 题（白先）

难度：★★

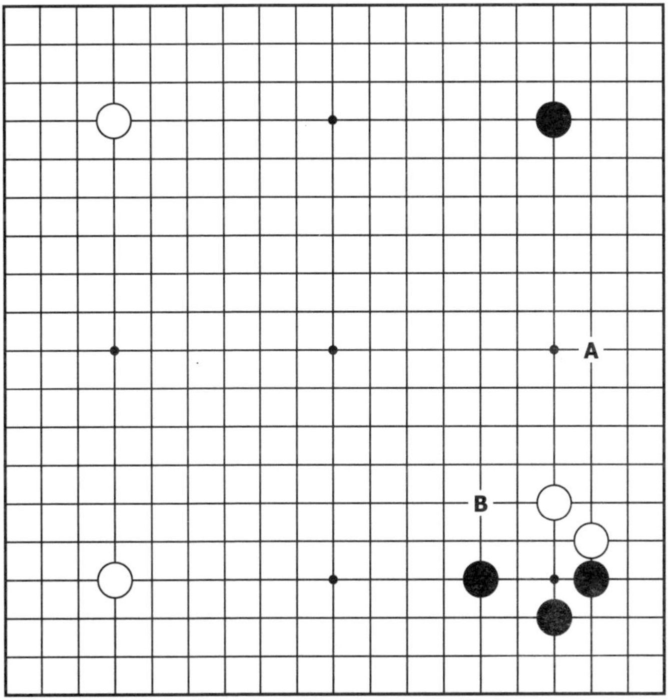

想一想，应该围哪里？在正确选项后面的括号中画「√」。

A（　　）　B（　　）

正 解

白 1 方向正确，占领此处既是围地，又建立了根据地，保护了右下 2 子的安全。

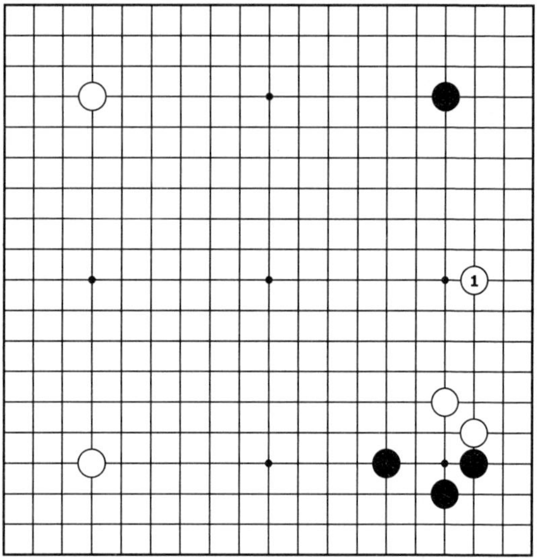

错 解

白 1 方向错误，此处不是经营的方向。黑 2 后白棋失去根据地，白失败。

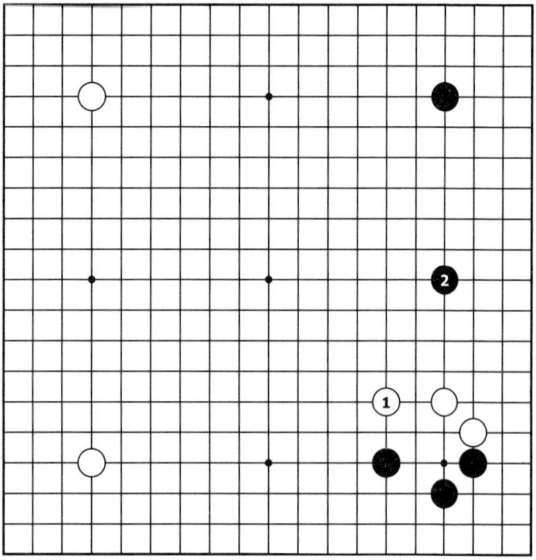

20 第 20 题（白先）

难度：★★

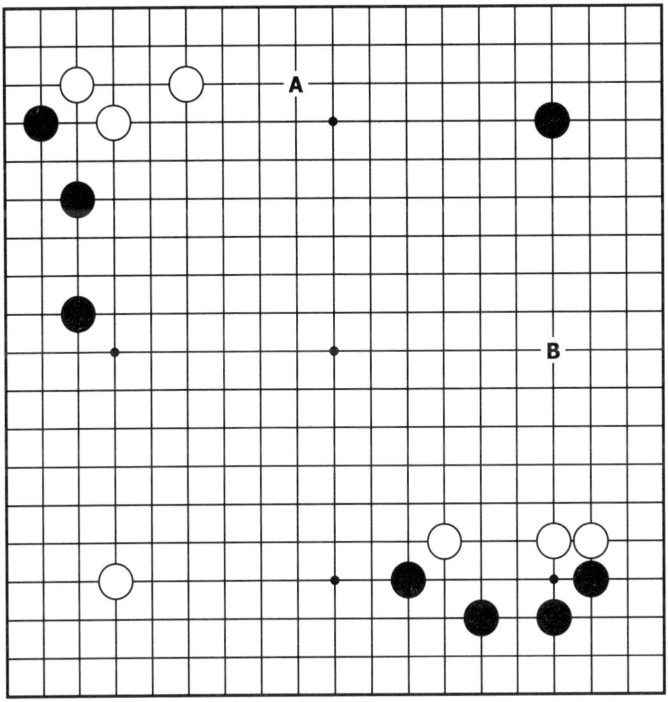

想一想，应该围哪里？在正确选项后面的括号中画「√」。

A（　　）　B（　　）

正解

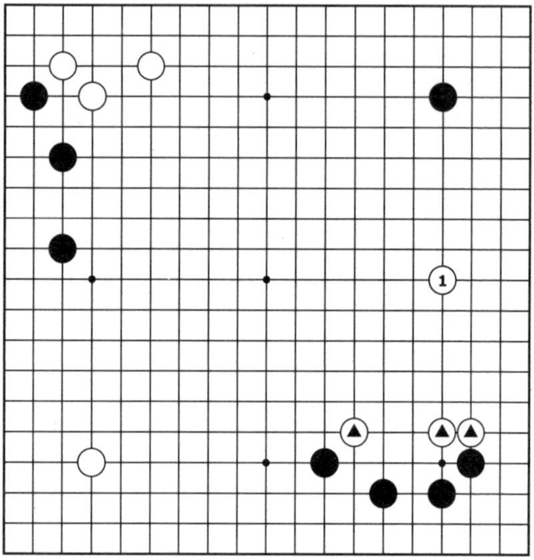

白 1 方向正确，与右下 3 子配合，最大限度扩张领地。

错解

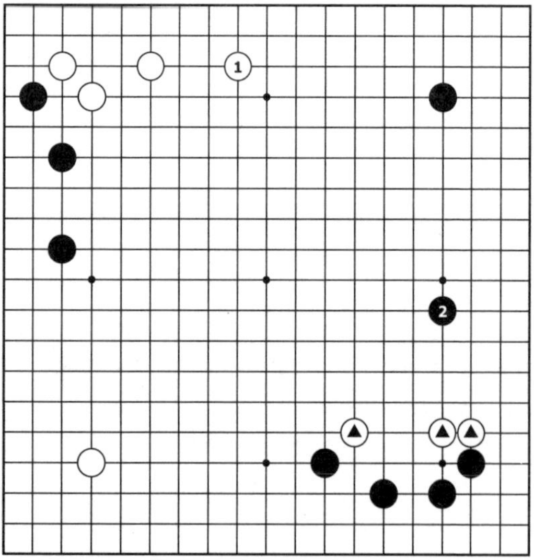

白 1 方向错误，此处不是重点。黑 2 后白棋右下 3 子失去根据地，白失败。

21 第 21 题（白先）

难度：★★

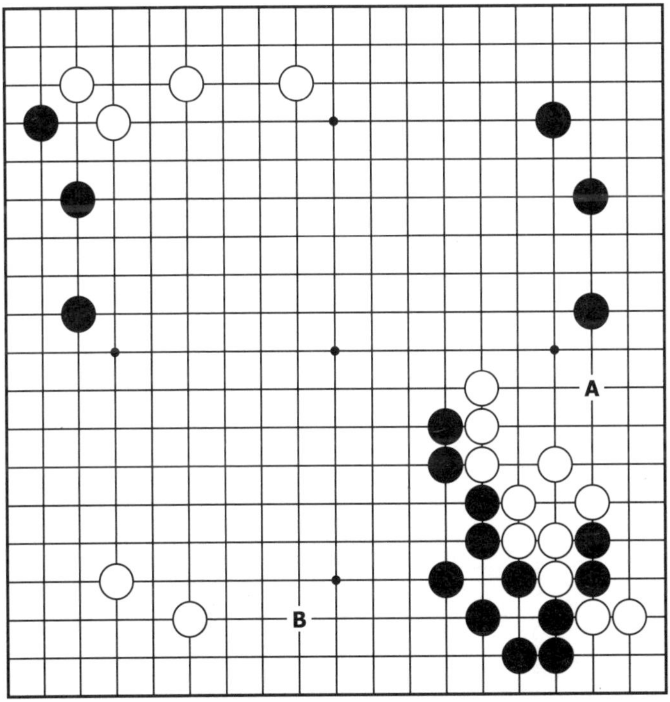

想一想，应该围哪里？在正确选项后面的括号中画「√」。

A（　　）　B（　　）

正解

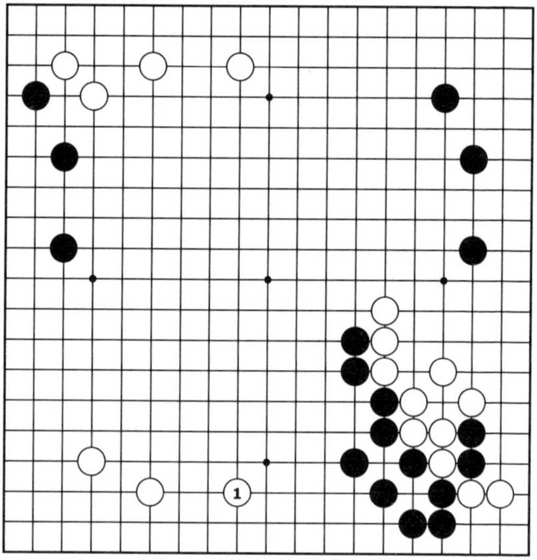

白 1 方向正确，占领此处是全局最大的地方，围地的同时限制黑方的发展。

错解

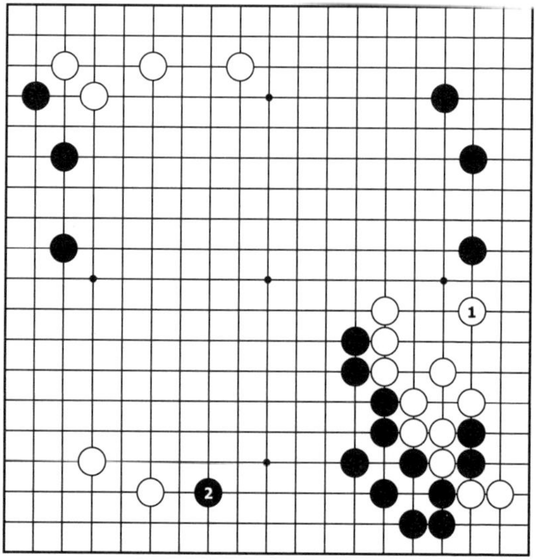

白 1 方向错误，此处价值不大。黑 2 后下方势力可观，白失败。

22 第 22 题（黑先）

难度：★★

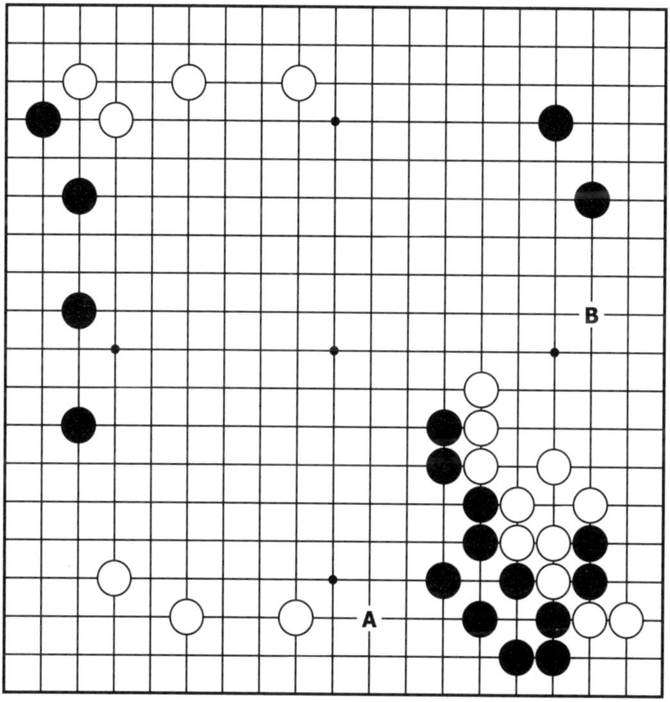

想一想，应该围哪里？在正确选项后面的括号中画「√」。

A（　　）　B（　　）

正解

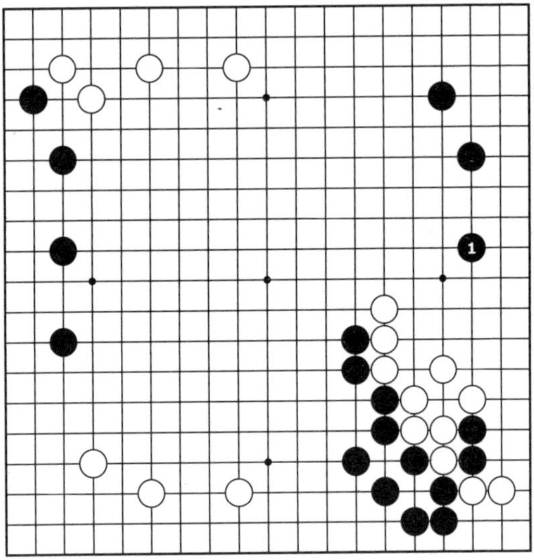

黑 1 方向正确，占领的此处是全局最大的地方，围地的同时限制白方的发展。

错解

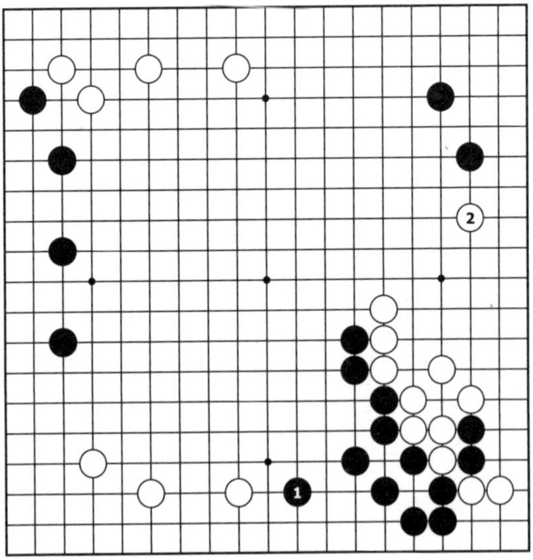

黑 1 方向错误，此处价值不大。白 2 后右边势力可观，黑失败。

23 第 23 题（白先）

难度：★★

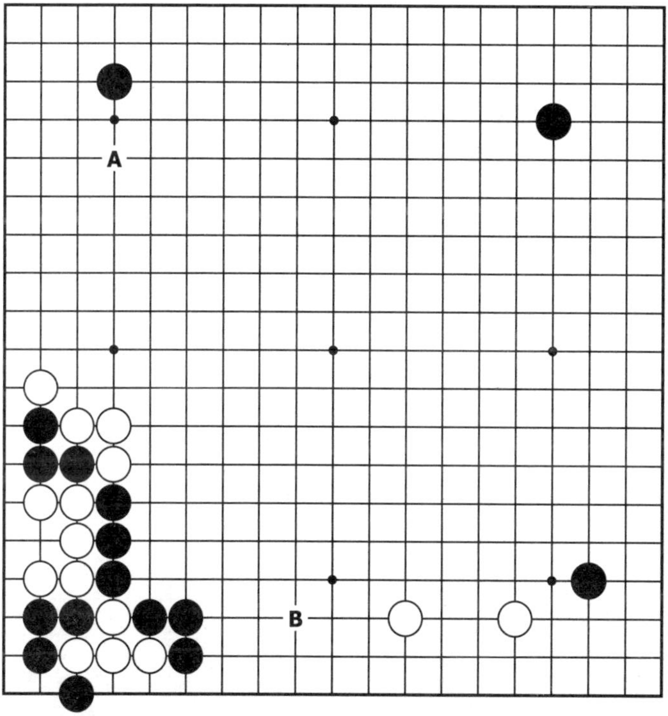

想一想，应该围哪里？在正确选项后面的括号中画「√」。

A（　　）　B（　　）

正解

白 1 方向正确，与左下形成呼应，最大限度扩张领地。

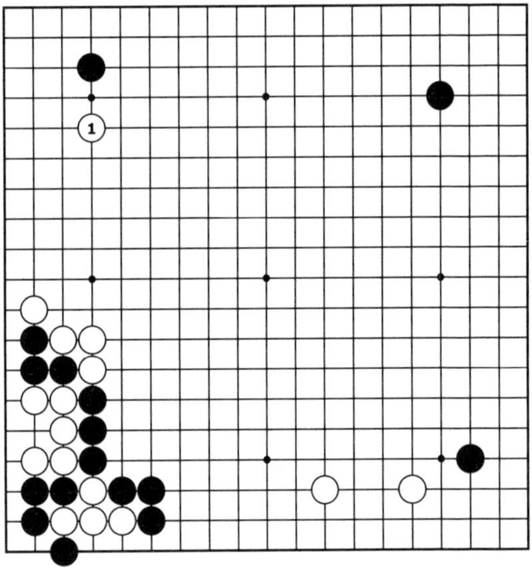

错解

白 1 方向错误，此处价值不大。黑 2 后白方左边势力发展受到限制，白失败。

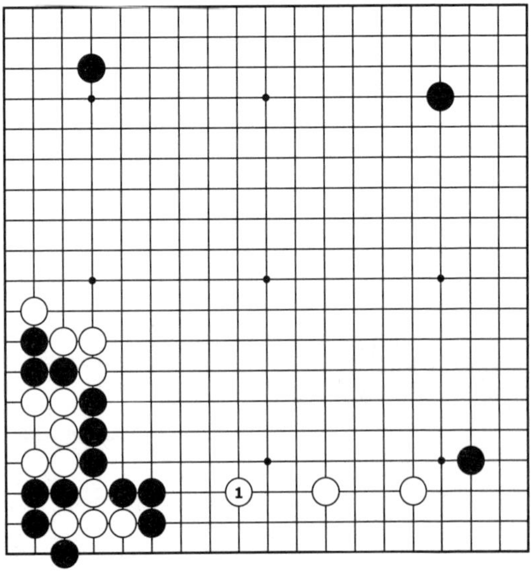

24 第 24 题（黑先）

难度：★★

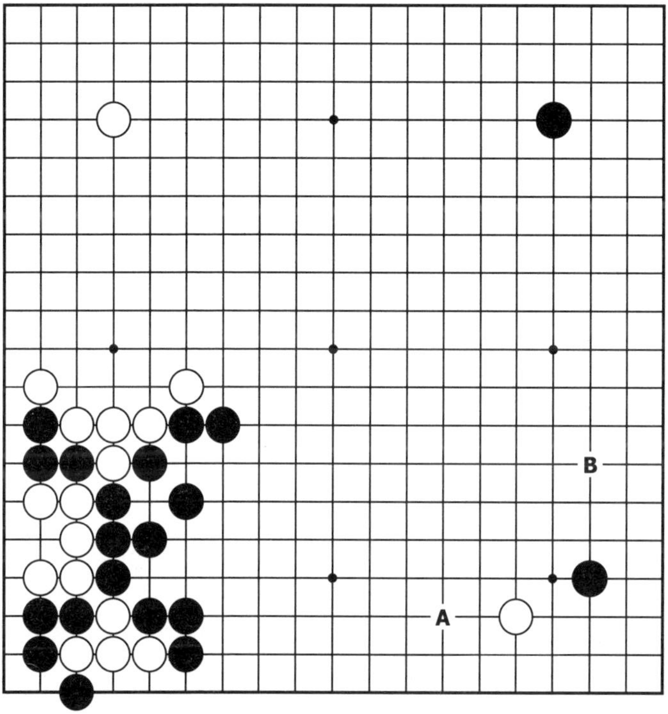

想一想，应该围哪里？在正确选项后面的括号中画「√」。

A（　　）　B（　　）

正解

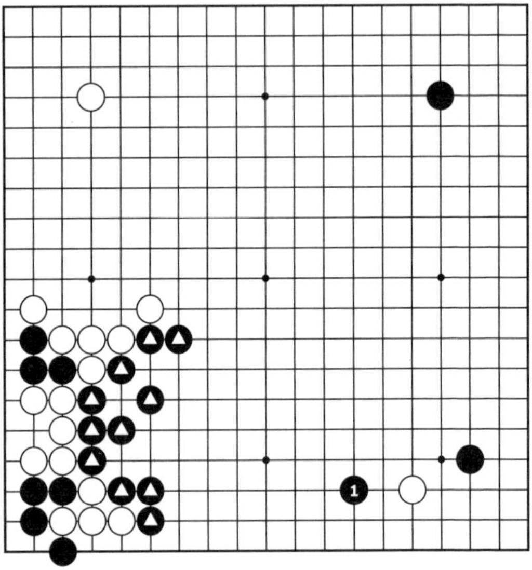

黑 1 方向正确，与左下形成呼应，最大限度扩张领地。

错解

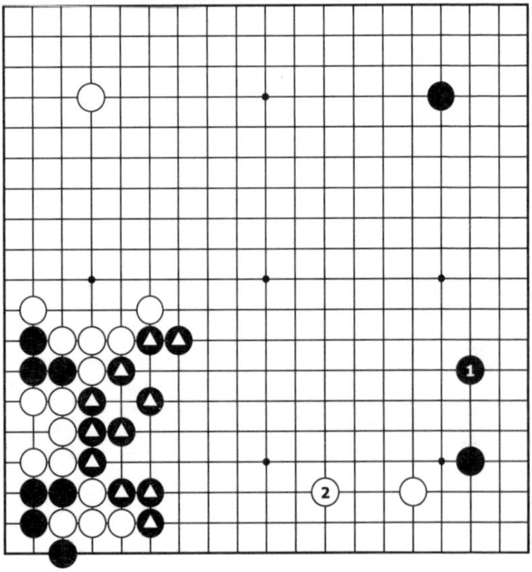

黑 1 方向错误，此处不是发展方向。白 2 后黑棋下方势力受到限制，黑失败。

25 第 25 题（白先）

难度：★★

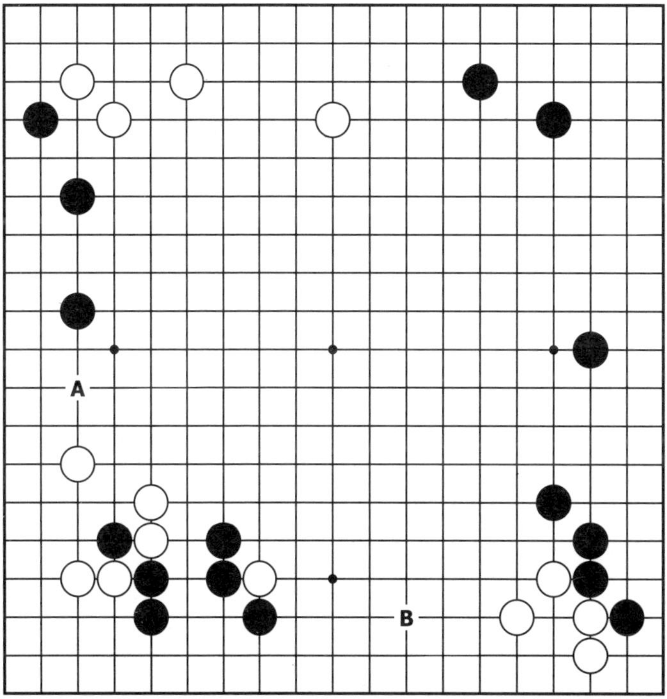

想一想，应该围哪里？在正确选项后面的括号中画「√」。

A（　　）　B（　　）

正解

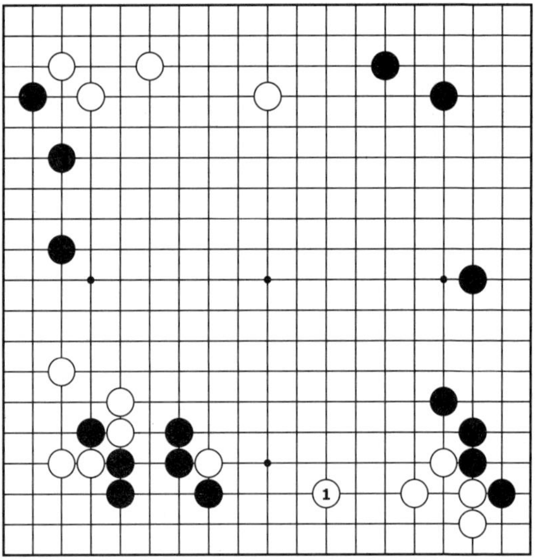

白1方向正确，围地的同时，限制黑棋下方的发展。

错解

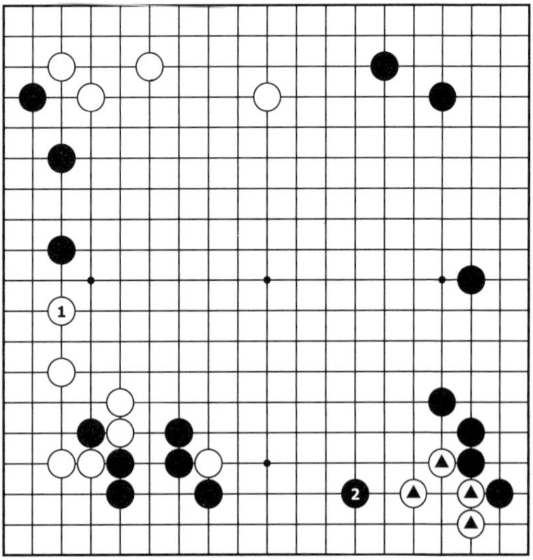

白1方向错误，此处价值不大。黑2后白右下4子受到威胁，白失败。

26 第 26 题（黑先）

难度：★★

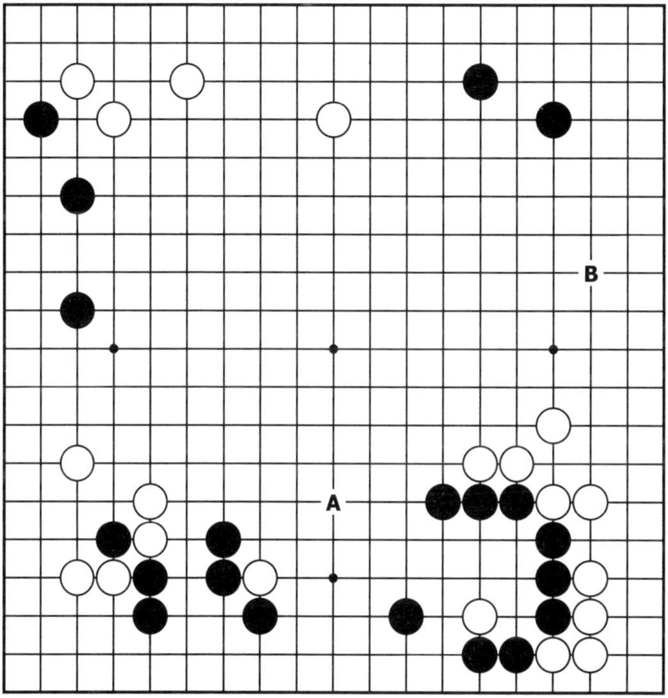

想一想，应该围哪里？在正确选项后面的括号中画「√」。

A（　　）　B（　　）

正解

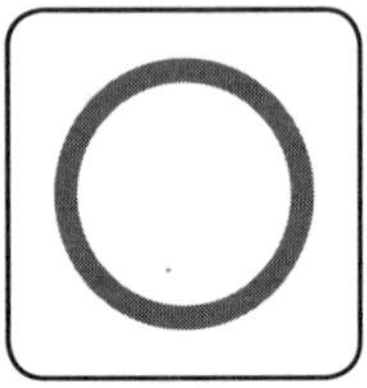

黑 1 方向正确，扩张自身的同时，限制白棋右边的发展。

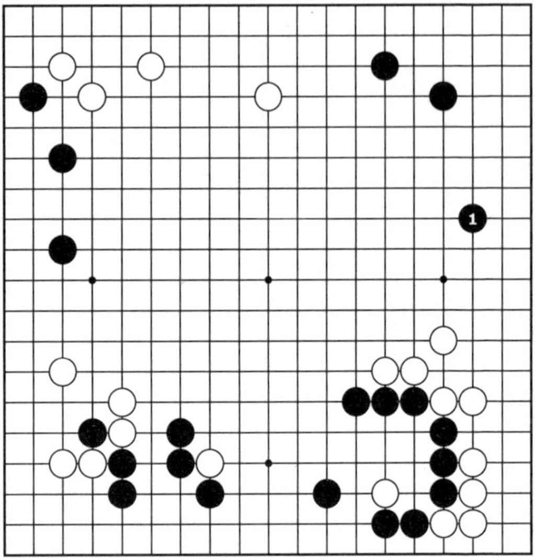

错解

黑 1 方向错误，此处价值不大。白 2 后右边势力庞大，黑失败。

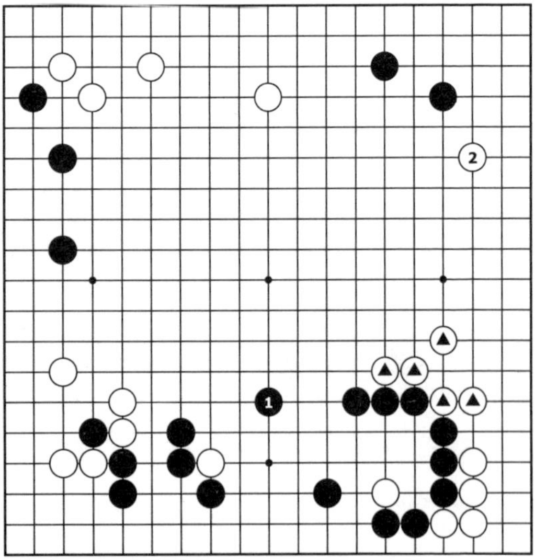

27 第27题(白先)

难度：★★

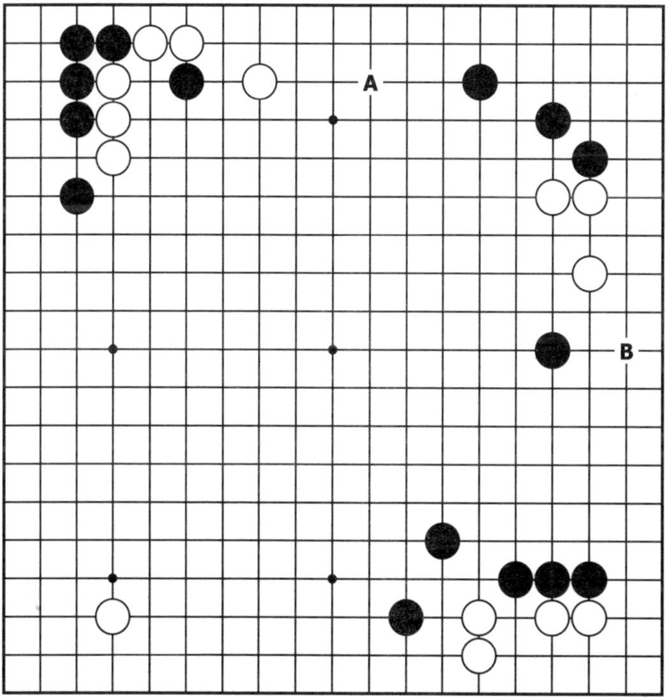

想一想，应该围哪里？在正确选项后面的括号中画「√」。

A(　　)　　B(　　)

正解

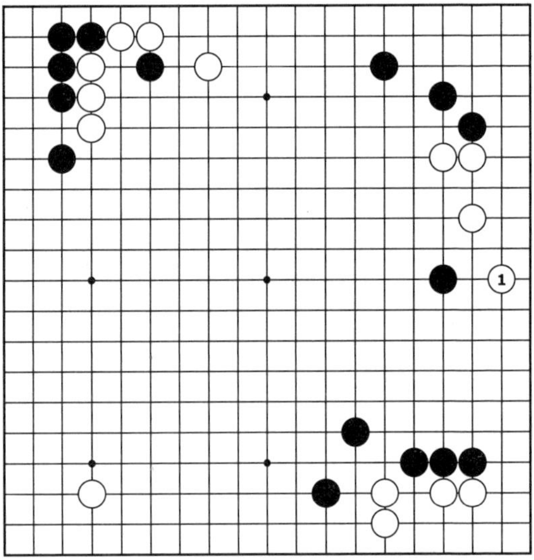

白 1 方向正确，围地的同时破坏黑右边的阵势。一子两用。

错解

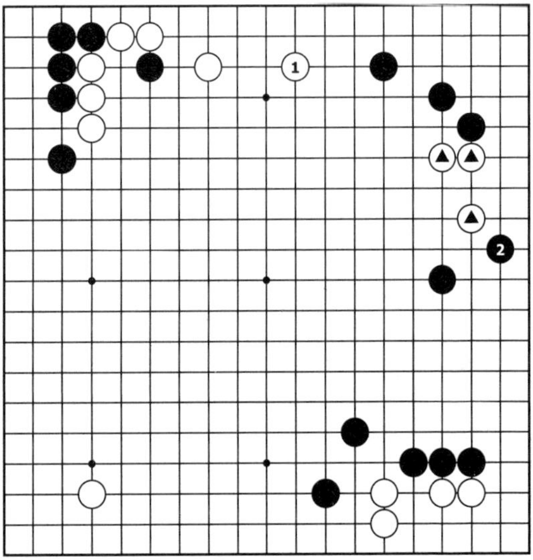

白 1 方向错误，被黑 2 占据要点，白右上 3 颗棋子变弱。

28 第 28 题（白先）

难度：★★

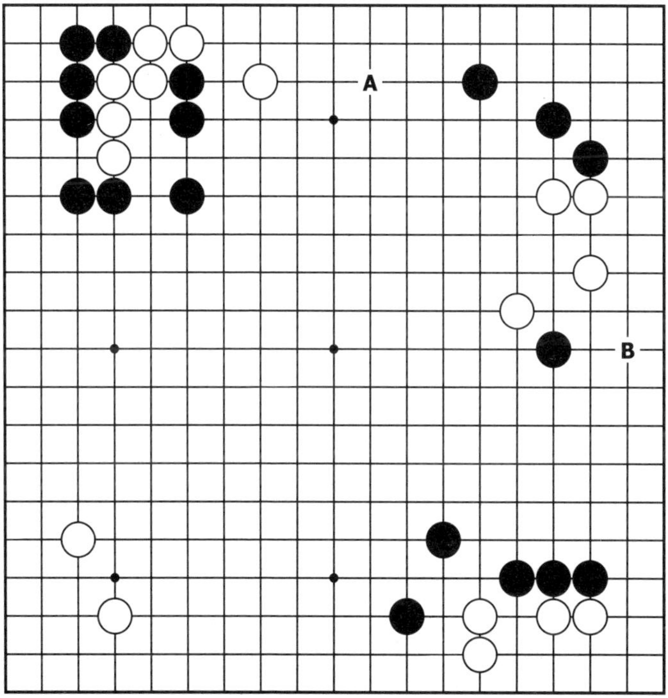

想一想，应该围哪里？在正确选项后面的括号中画「√」。

A（　　）　　B（　　）

正解

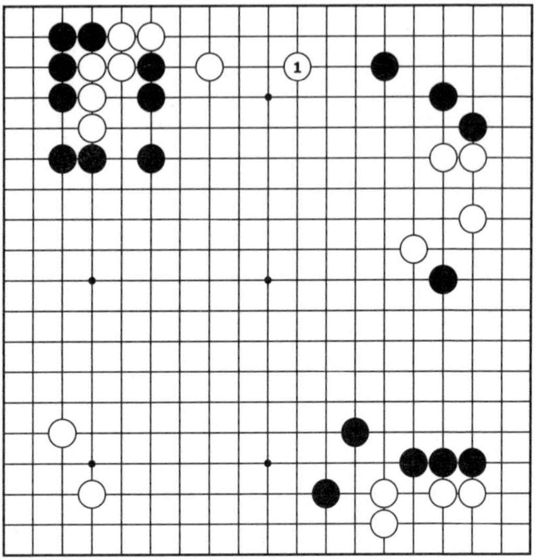

白 1 方向正确，围地的同时照顾左上方的弱棋。

错解

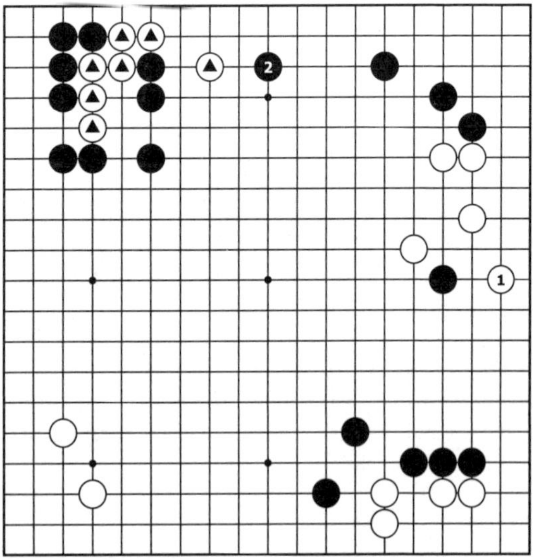

白 1 方向错误，被黑 2 占据要点，白棋左上棋子受到威胁，白失败。

29 第 29 题（白先）

难度：★★★

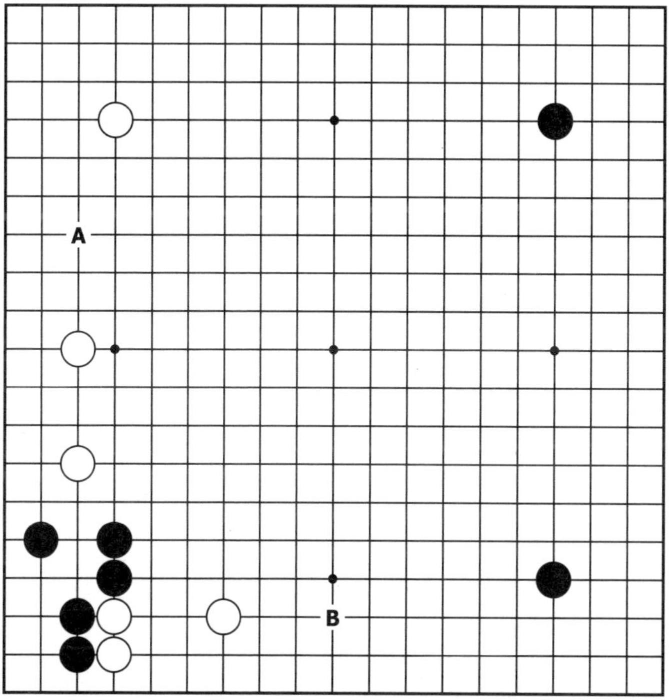

想一想，应该围哪里？在正确选项后面的括号中画「√」。

A（　　）　B（　　）

正解

白 1 方向正确，围地的同时照顾左下 3 颗弱子。

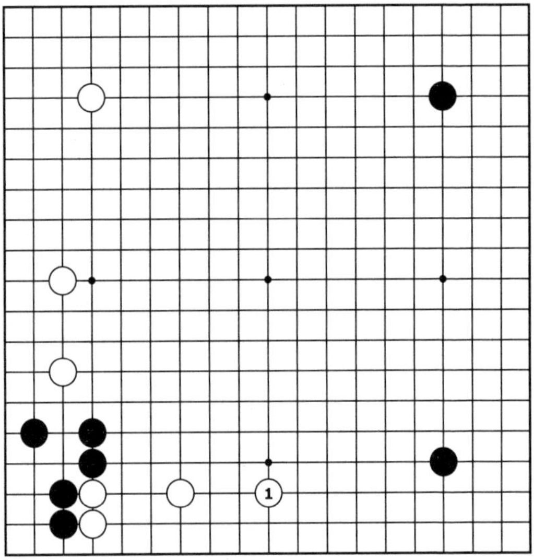

错解

白 1 方向错误，此处不是发展方向。黑 2 后白方左下 3 子受到威胁，白失败。

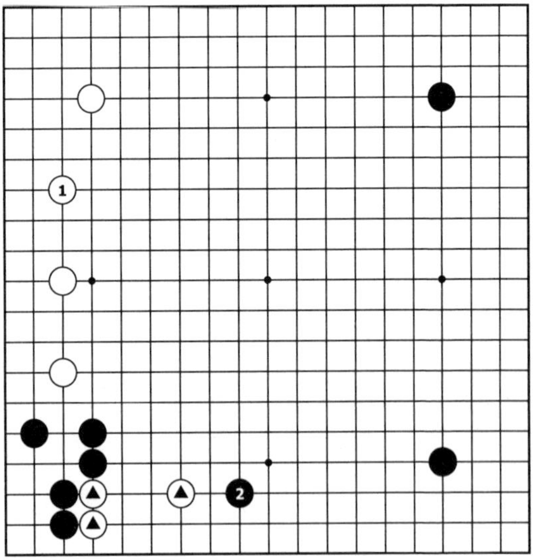

30 第 30 题（白先）

难度：★★

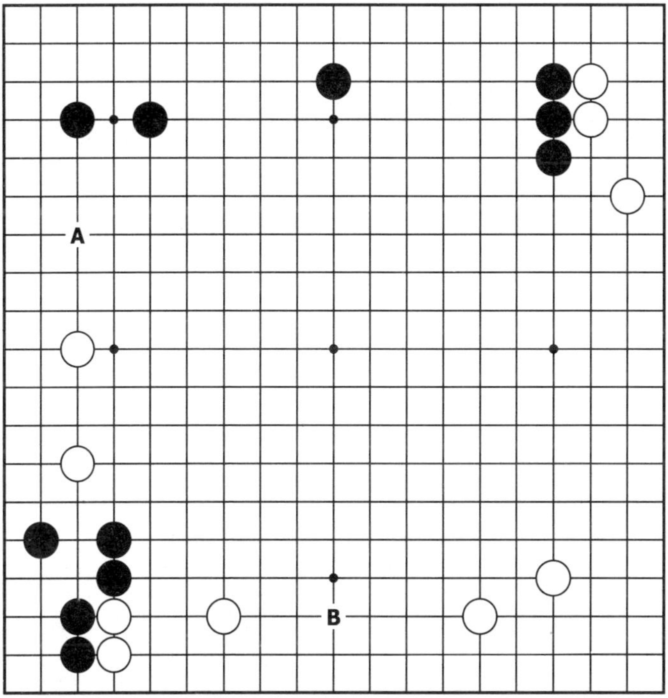

想一想，应该围哪里？在正确选项后面的括号中画「√」。

A（　　）　B（　　）

正解

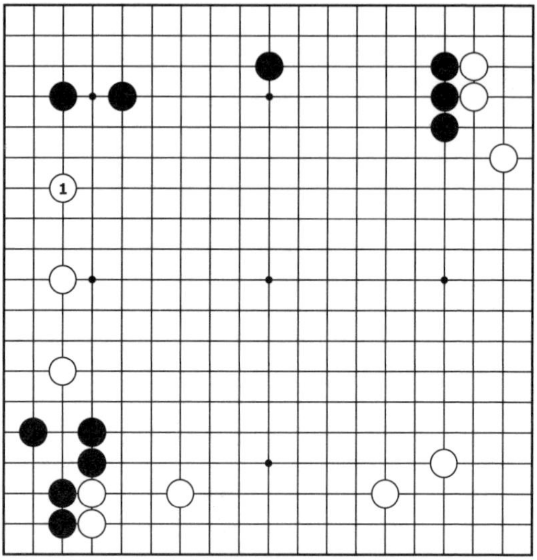

白 1 方向正确，围地的同时破坏黑左上的阵势。一子两用。

错解

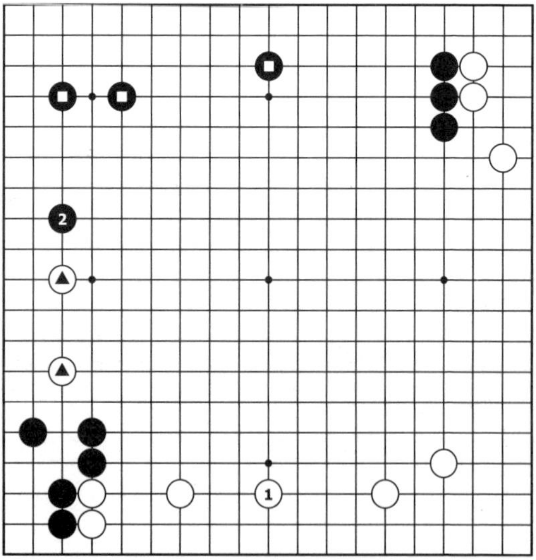

白 1 方向错误，黑 2 后白方左边 2 子受到威胁，黑棋左上配置极好，白失败。

第 2 章

防守还是扩张

本章讨论另一个重要的问题——围地时该侧重防守还是侧重扩张。这个问题并没有标准答案，随着局面的不同，侧重点也会随之改变。我们会通过一些问题，引导初学者学会分析局势，做出正确的选择。

小贴士

选择防守，还是扩张？这真是个难题。其实这里也没有那么复杂，唯一考验我们的是对棋形的判断。防守基本只有两个理由，一个是安全受到威胁，另一个是价值比扩张更大。所以，满足任意其一，就要选择防守。

第 1 题（白先）

难度：★

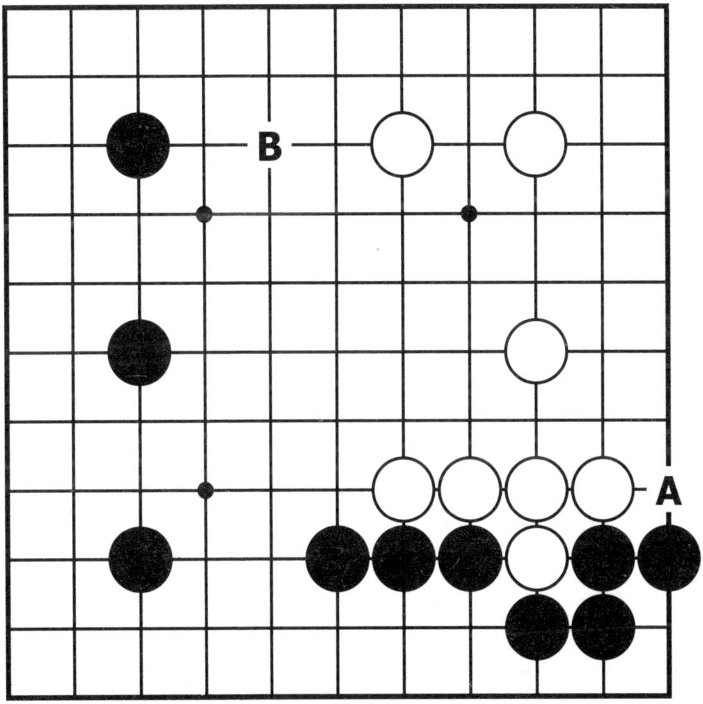

该防守还是扩张？请思考，并在正确选项后面的括号中画「√」。

A（　　）　B（　　）

正解

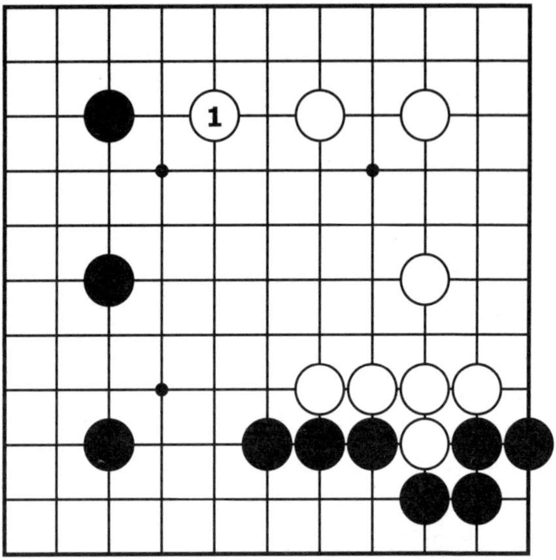

白 1 选择正确。抢先进行扩张，不需要跟着对方防守。

错解

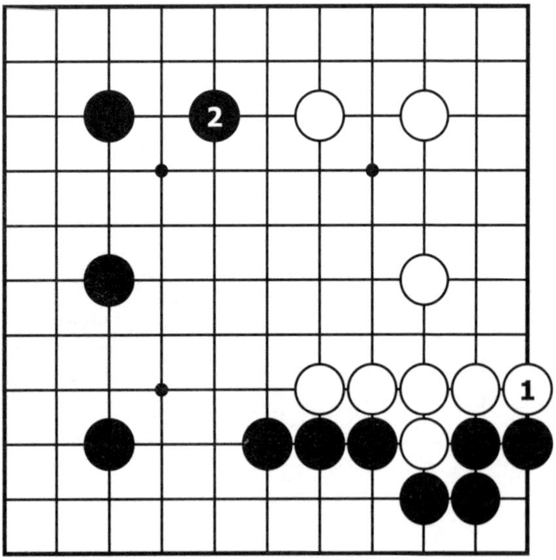

白 1 选择错误。此处价值太小，没有必要防守。

2 第2题（白先）

难度：★★

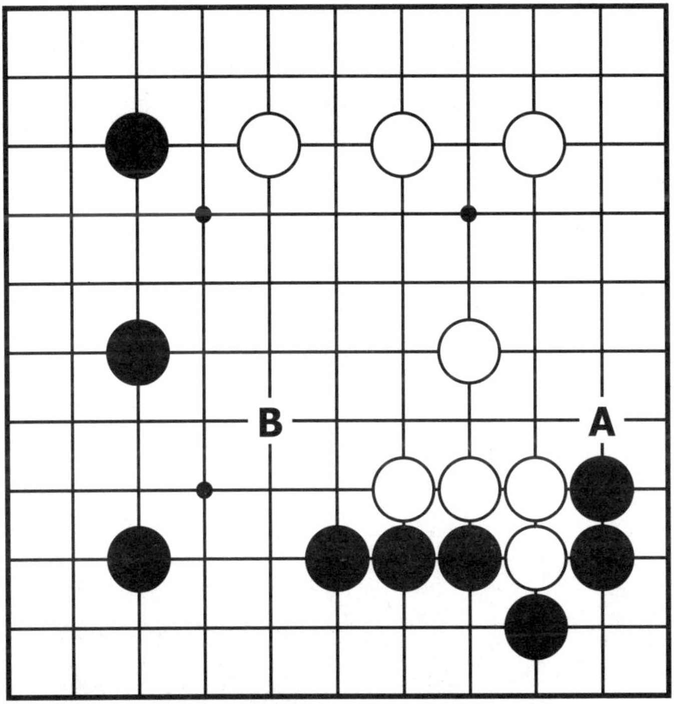

该防守还是扩张？请思考，并在正确选项后面的括号中画「√」。

A（　　）　B（　　）

正解

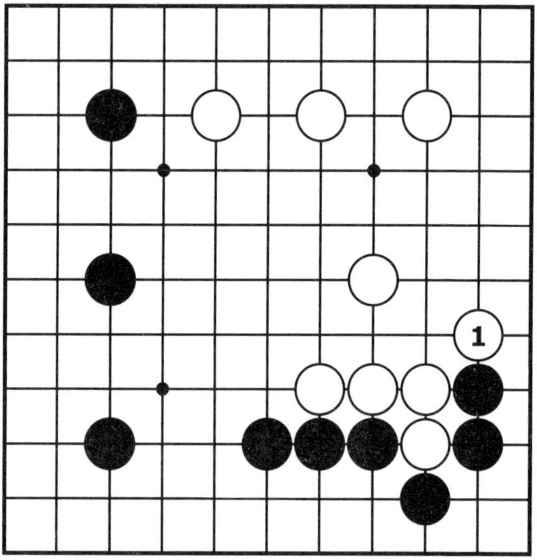

白 1 选择正确。此处漏洞太大，被黑棋进入将损失惨重，必须防守。

错解

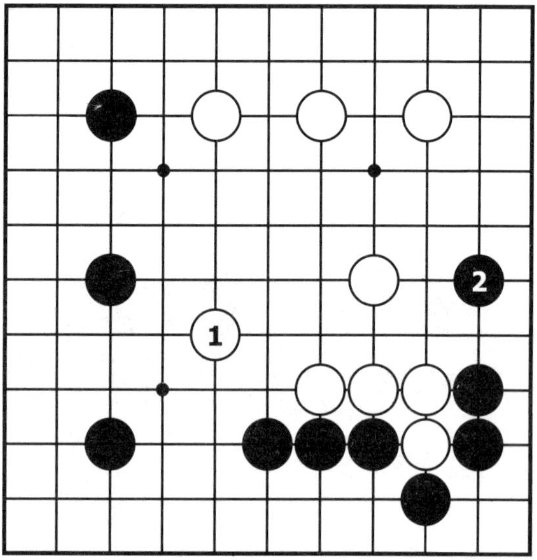

白 1 选择错误。被黑 2 大踏步进入己方阵地，损失巨大。

3 第3题（黑先）

难度：★

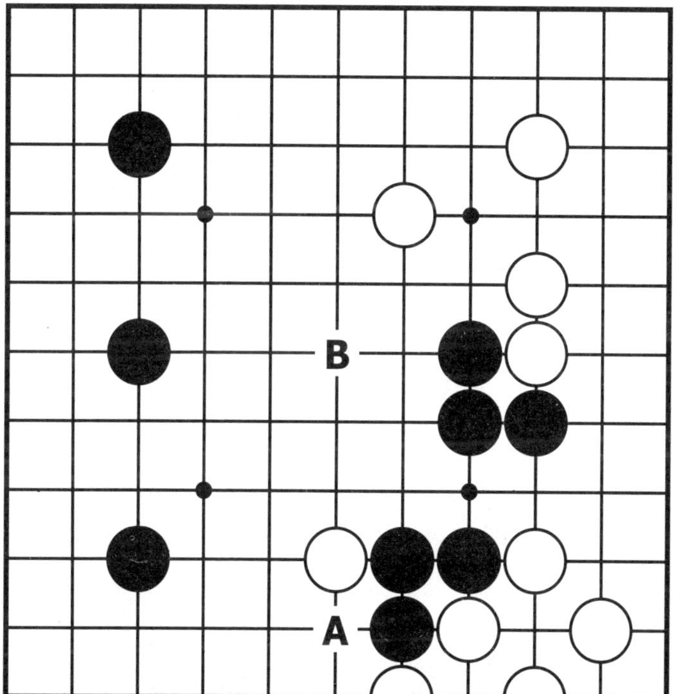

该防守还是扩张？请思考，并在正确选项后面的括号中画「√」。

A（　　）　B（　　）

正解

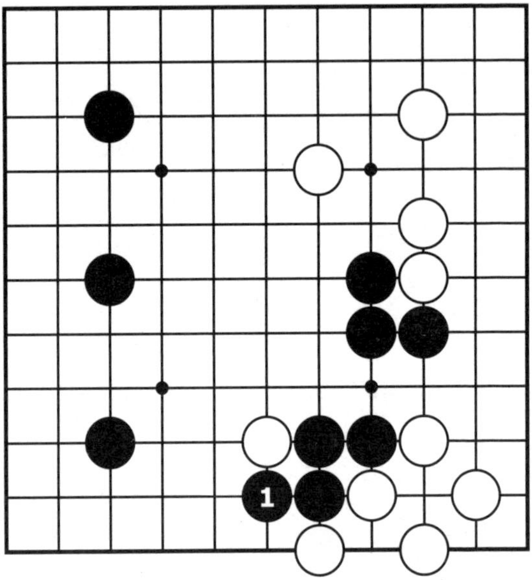

黑 1 选择正确。此处漏洞太大，被白棋进入将损失惨重，必须防守。

错解

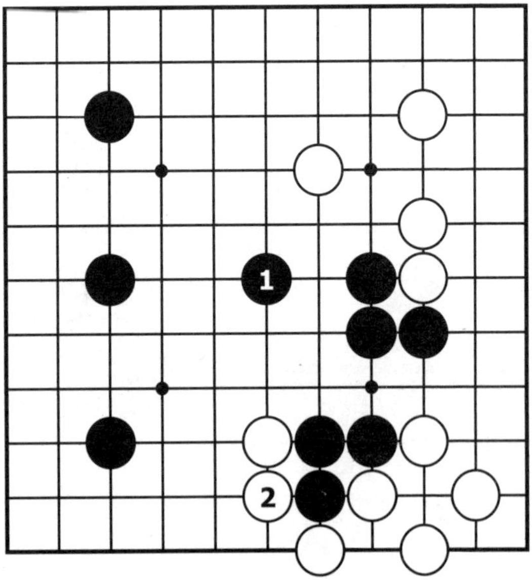

黑 1 选择错误。白 2 挡住后，黑棋整体被掏空。此处必须防守。

4 第 4 题（黑先）

难度：★

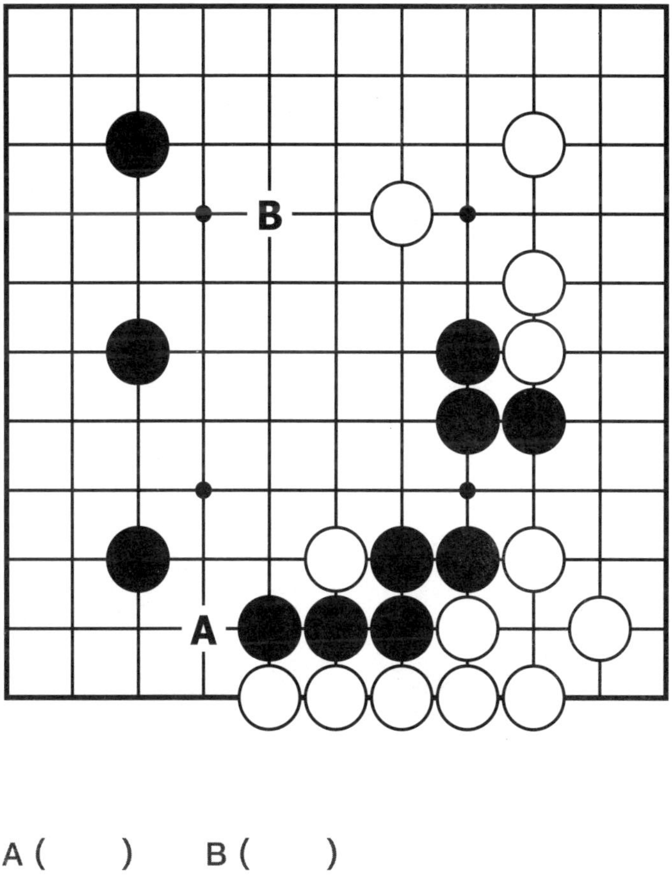

该防守还是扩张？请思考，并在正确选项后面的括号中画「√」。

A（　　）　B（　　）

正解

黑 1 选择正确。抢先进行扩张，下边已经不大，不需要跟着对方防守。

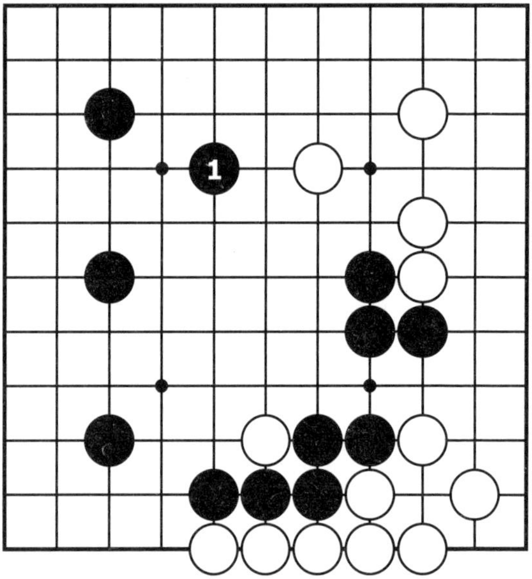

错解

黑 1 选择错误。此处价值太小，没有必要防守。

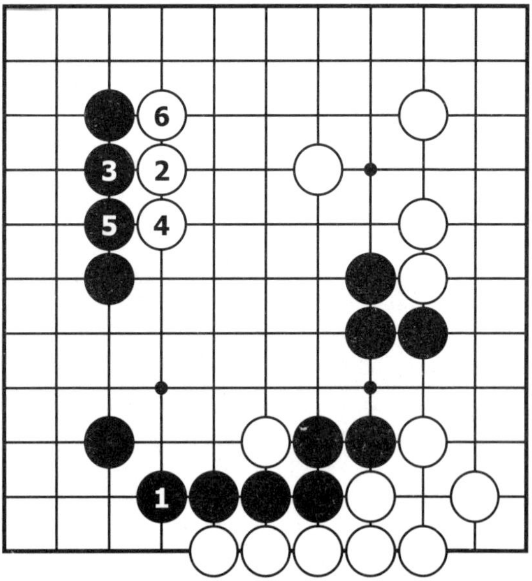

5 第5题（白先）

难度：★★

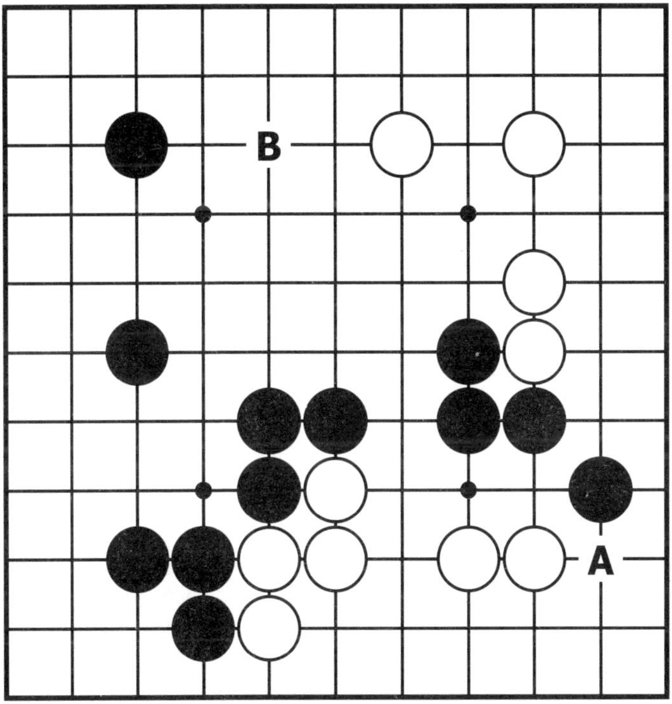

该防守还是扩张？请思考，并在正确选项后面的括号中画「√」。

A（　　）　B（　　）

正解

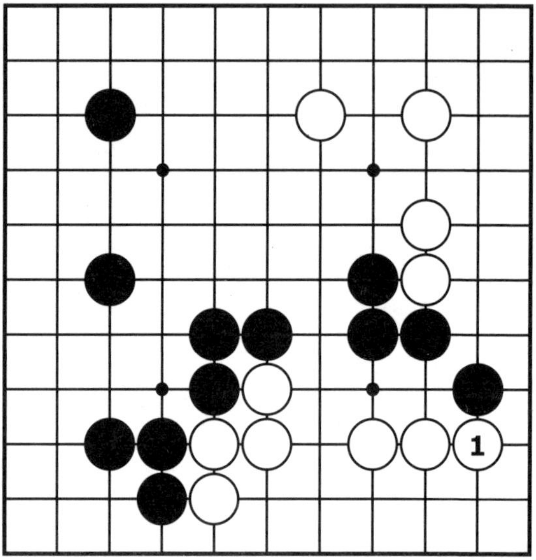

白 1 选择正确。右下角有危险，必须防守。

错解

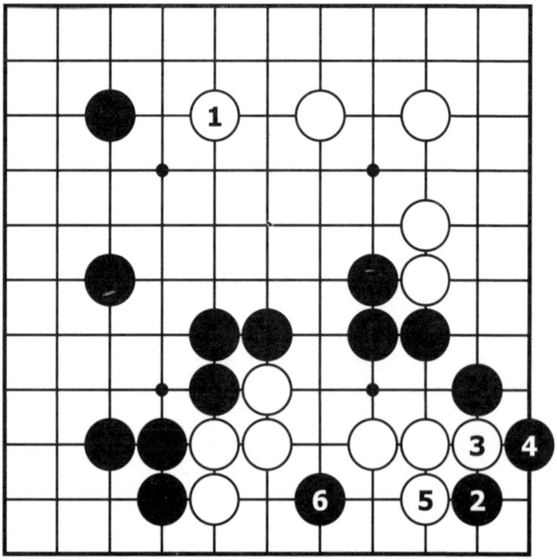

白 1 选择错误。黑 2 进入后，关系到右下整体的死活，右下必须防守。

6 第 6 题（白先）

难度：★★

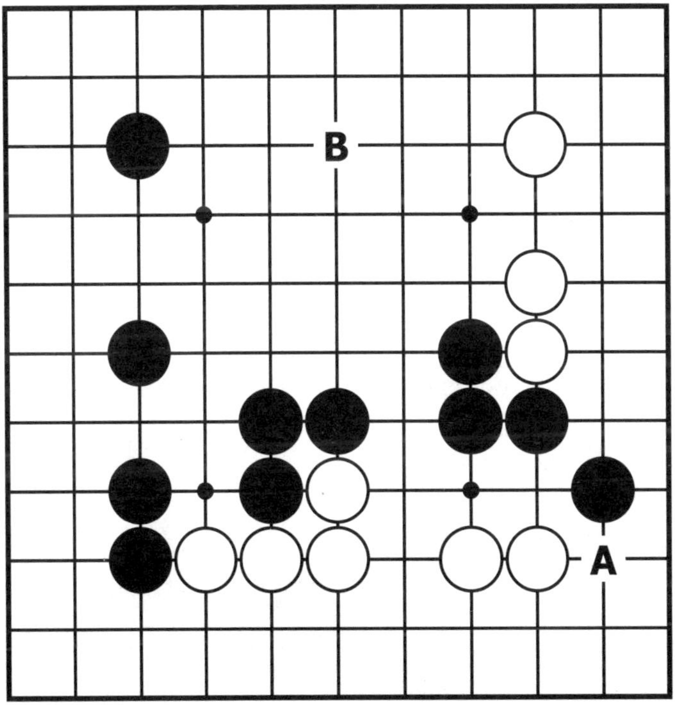

该防守还是扩张？请思考，并在正确选项后面的括号中画「√」。

A（　　）　B（　　）

正解

白 1 选择正确。抢先进行扩张，下方是活棋，不需要跟着对方防守。

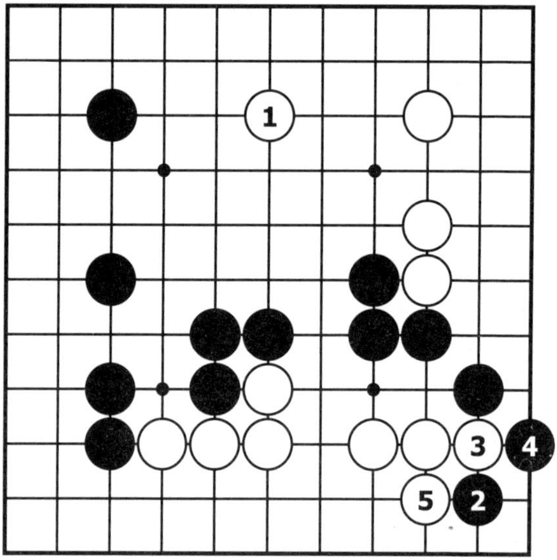

错解

白 1 选择错误。此处价值太小，又与死活无关，没有必要防守。

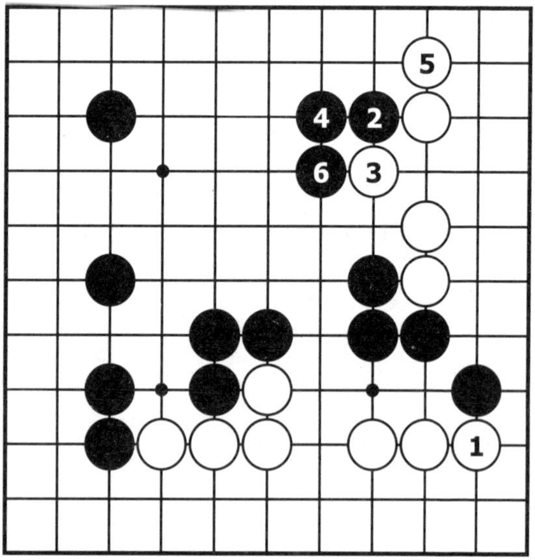

7 第 7 题（白先）

难度：★

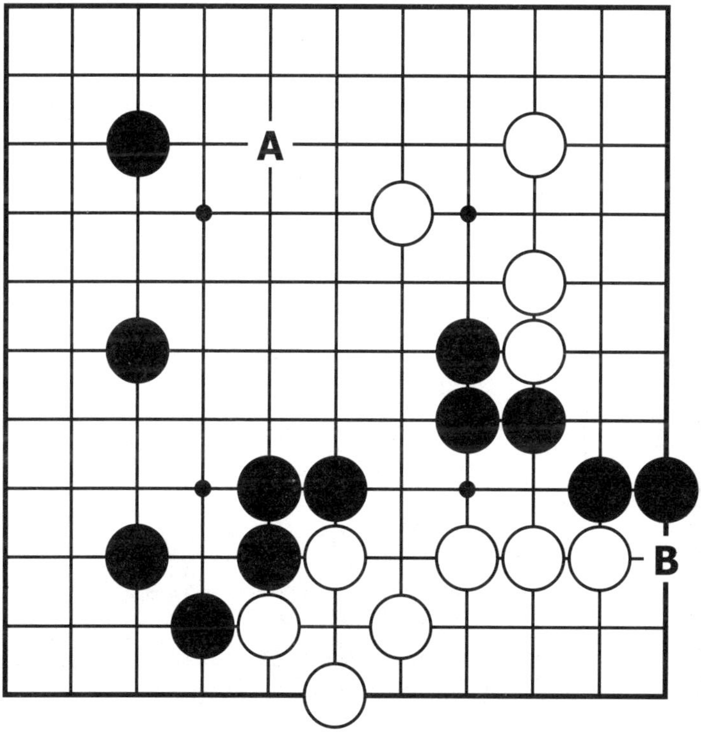

该防守还是扩张？请思考，并在正确选项后面的括号中画「√」。

A（　　）　B（　　）

正解

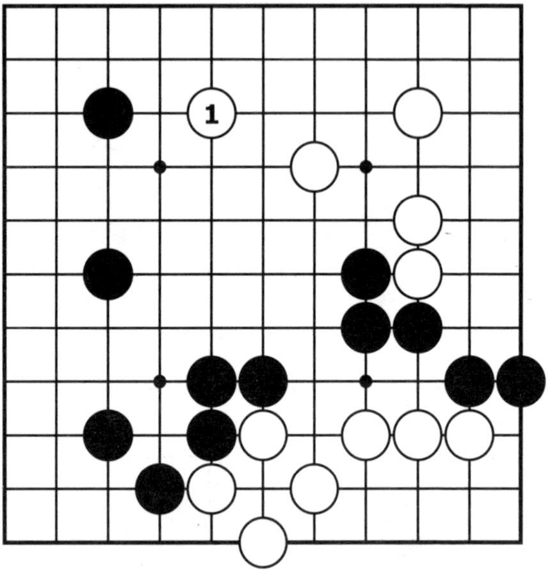

白 1 选择正确。抢先进行扩张，不需要跟着对方防守。

错解

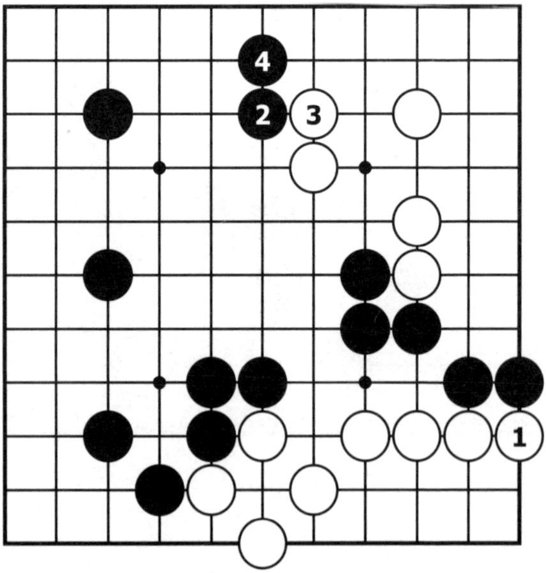

白 1 选择错误。此处价值太小，与死活无关，没有必要防守。

8 第 8 题（黑先）

难度：★★

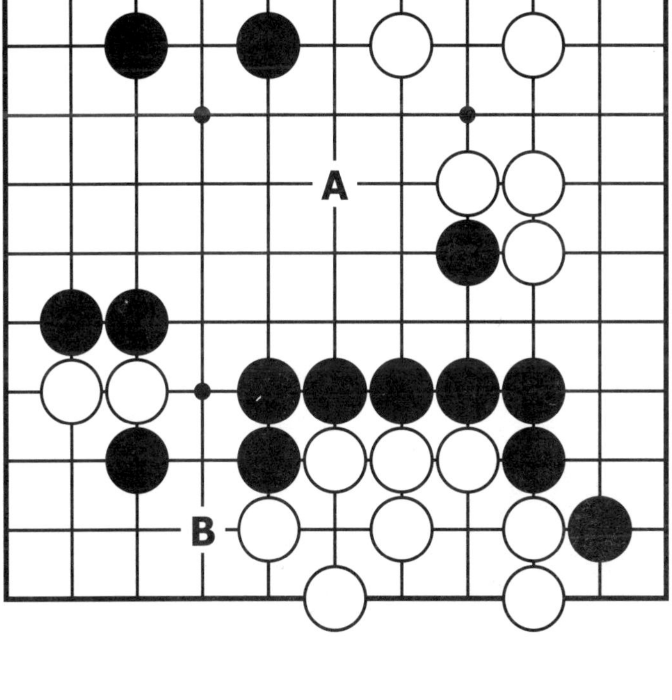

该防守还是扩张？请思考，并在正确选项后面的括号中画「√」。

A（　　）　B（　　）

正解

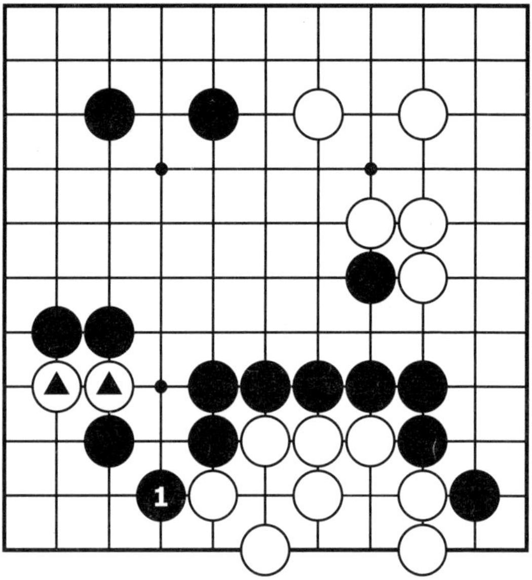

黑 1 选择正确。此处漏洞明显，必须防守。

错解

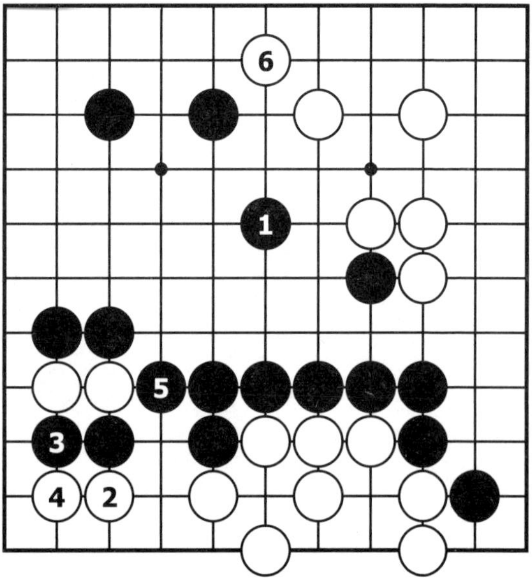

黑 1 选择错误。白 2 进入可先手破坏黑棋的地盘，价值巨大，必须防守。

第 9 题（白先）

难度：★★★

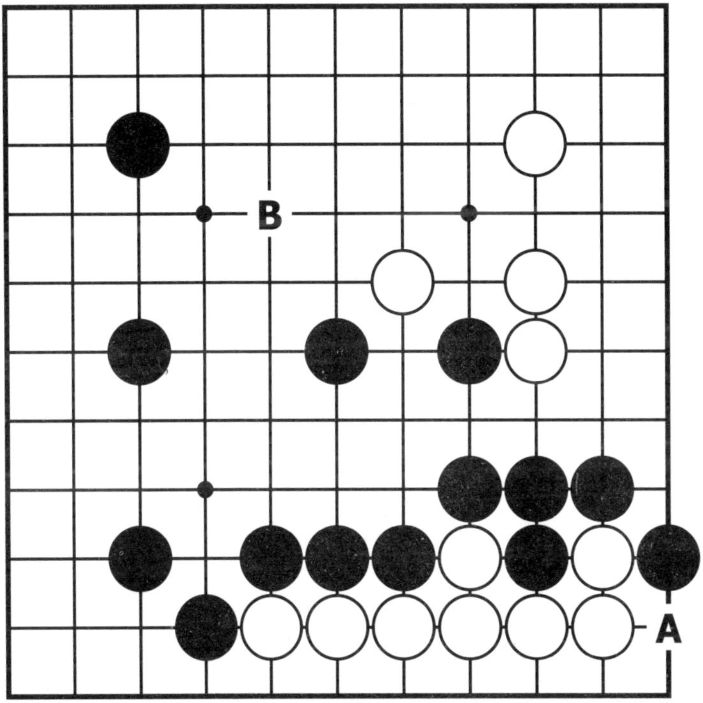

该防守还是扩张？请思考，并在正确选项后面的括号中画「√」。

A（　　）　B（　　）

正解

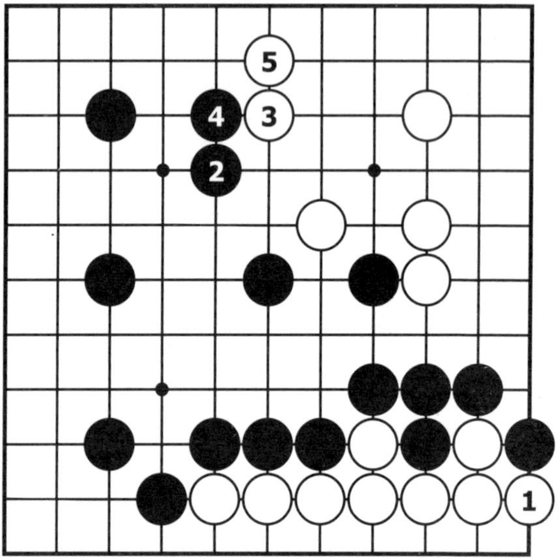

白 1 选择正确。此处关系到下方整体的死活，必须防守。

错解

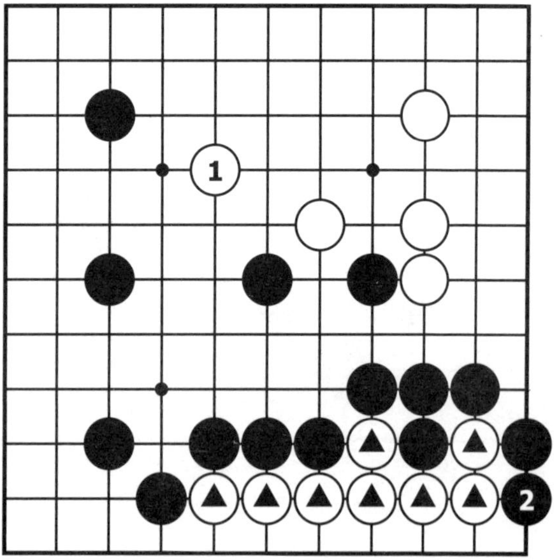

白 1 选择错误。黑 2 后白棋下方整体阵亡。此处必须防守。

10 第 10 题（白先）

难度：★★

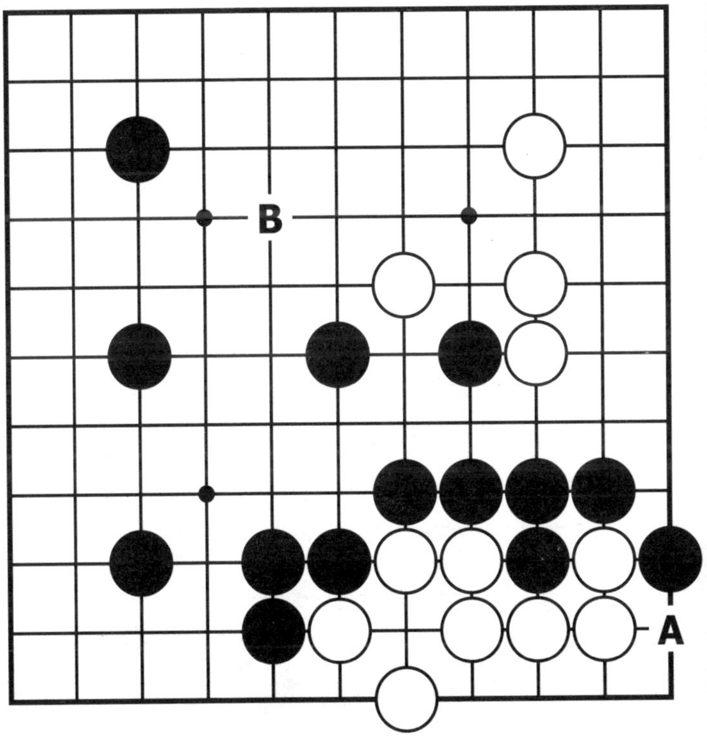

该防守还是扩张？请思考，并在正确选项后面的括号中画「√」。

A（　　）　B（　　）

正解

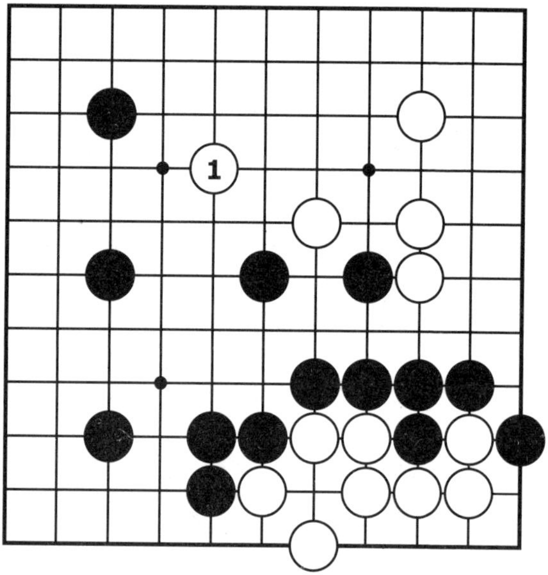

白 1 选择正确。抢先进行扩张，下方是活棋，不需要跟着对方防守。

错解

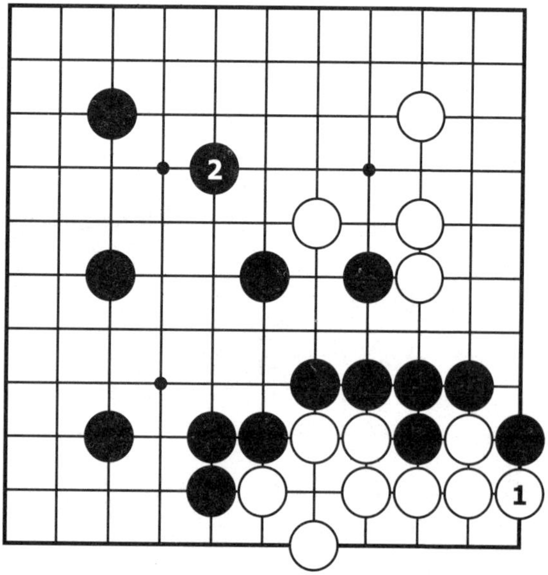

白 1 选择错误。此处价值太小，没有必要防守。

11 第 11 题（白先）

难度：★★

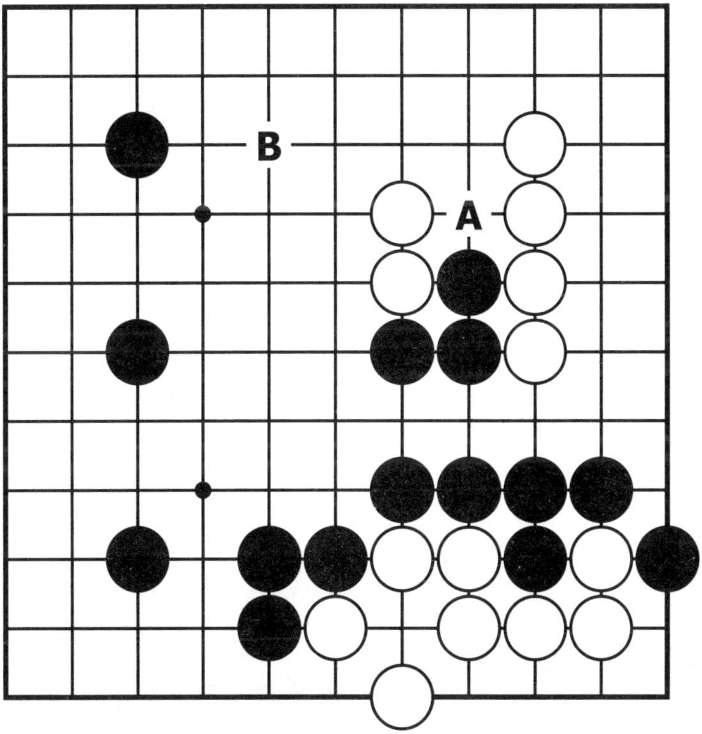

该防守还是扩张？请思考，并在正确选项后面的括号中画「√」。

A（　　）　B（　　）

正解

○

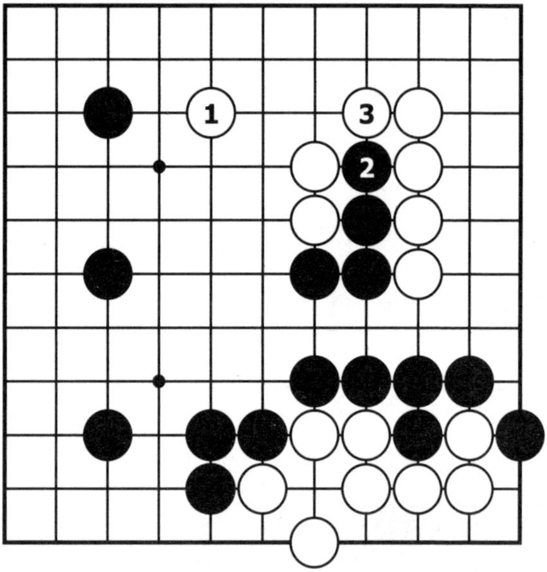

白 1 选择正确。抢先进行扩张，没有弱点，不需要跟着对方防守。

错解

×

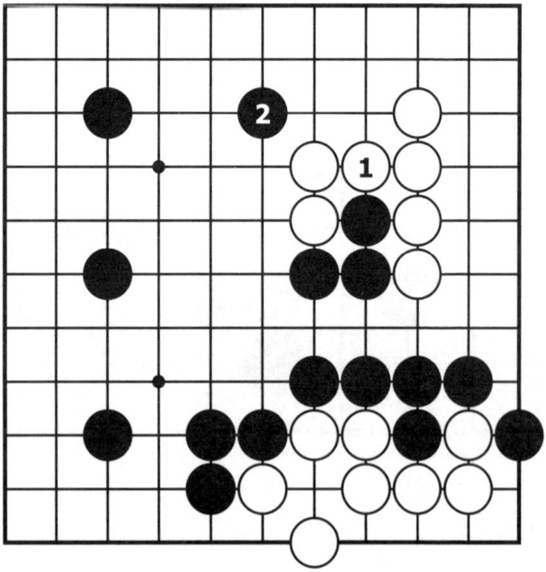

白 1 选择错误。此处价值太小，而且没有受到对方威胁，不需要防守。

12 第 12 题（白先）

难度：★★

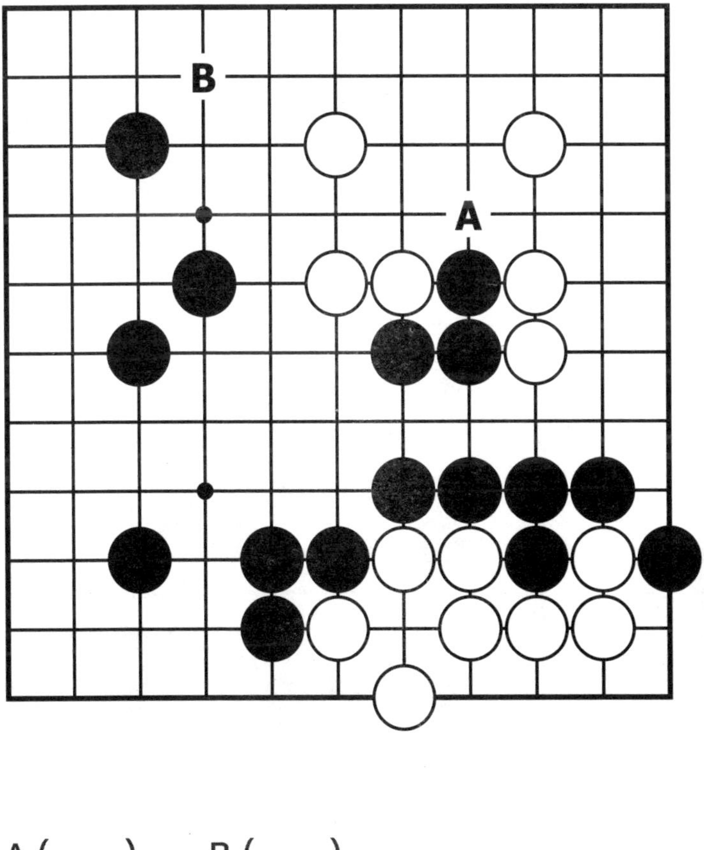

该防守还是扩张？请思考，并在正确选项后面的括号中画「√」。

A（　　）　B（　　）

正解

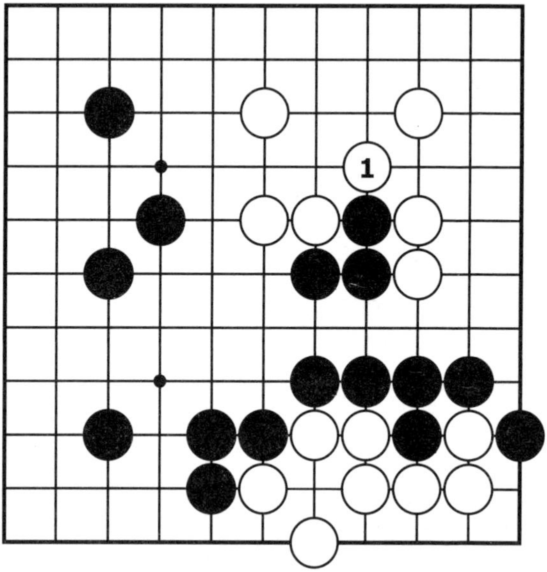

白 1 选择正确。此处漏洞明显，必须防守。

错解

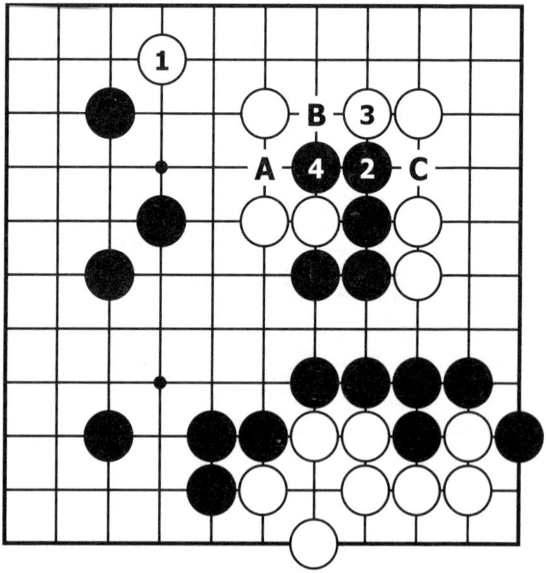

白 1 选择错误。黑 2 冲后白棋上方阵营支离破碎，此处必须防守。

13 第 13 题（白先）

难度：★★★

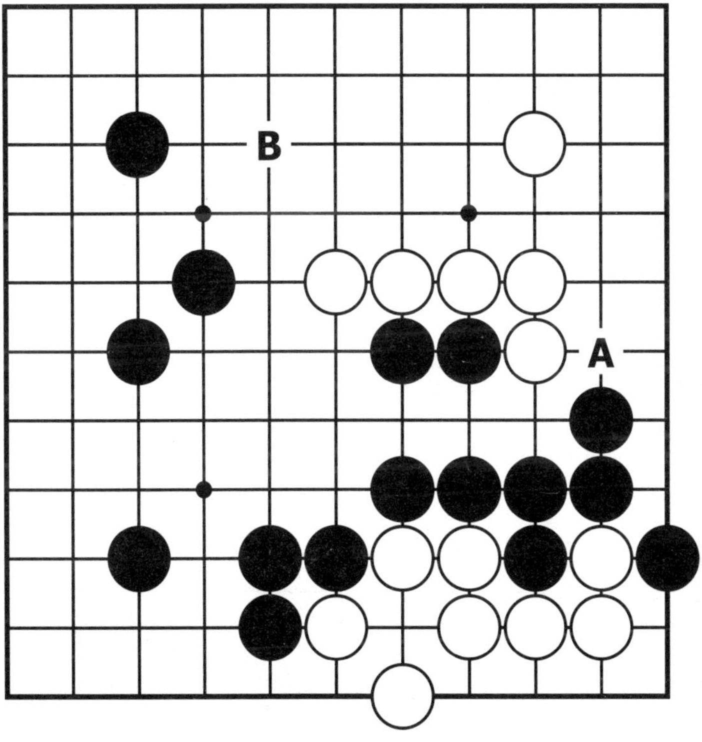

该防守还是扩张？请思考，并在正确选项后面的括号中画「√」。

A（　　）　B（　　）

正解

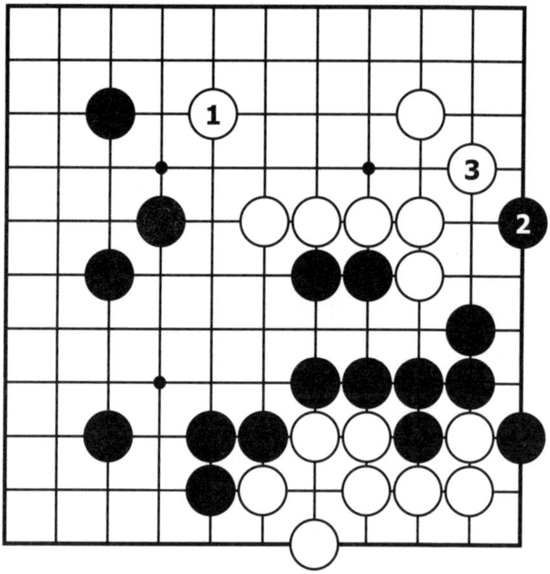

白 1 选择正确。抢先进行扩张，右边已经不大，不需要跟着对方防守。

错解

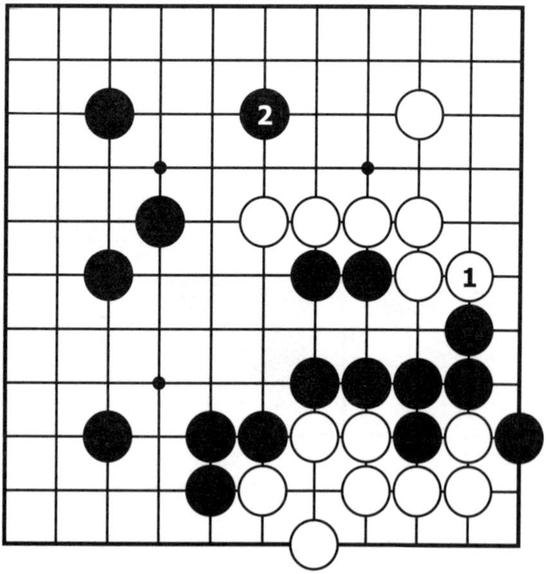

白 1 选择错误。此处价值太小，没有必要防守。

14 第 14 题（白先）

难度：★★★

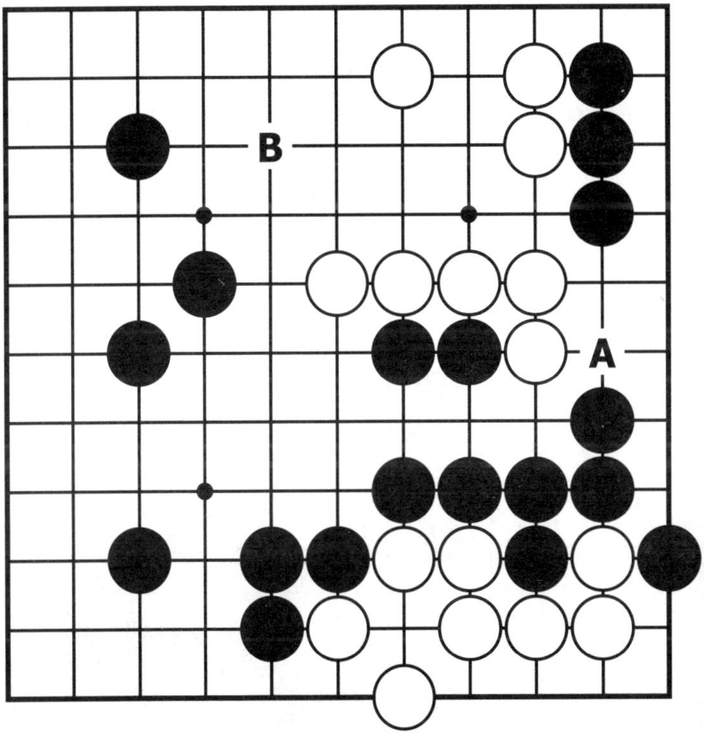

该防守还是扩张？请思考，并在正确选项后面的括号中画「√」。

A（　　）　　B（　　）

正解

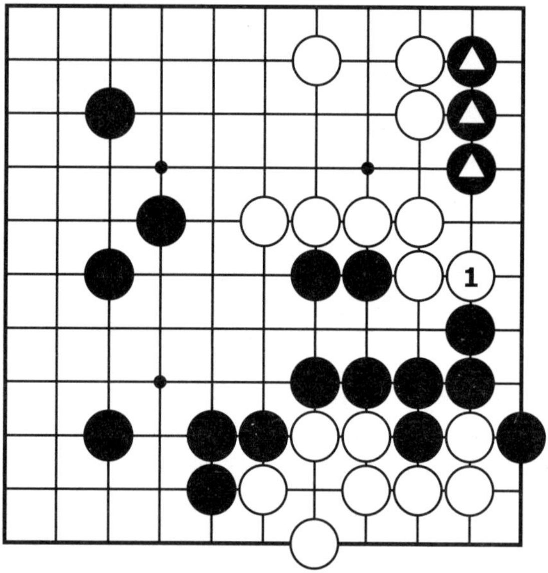

白 1 选择正确。此处防守，可将黑棋右上 3 子切断，价值巨大。

错解

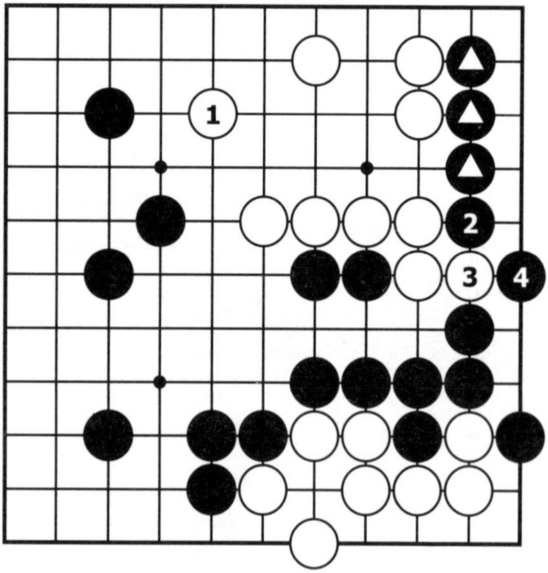

白 1 选择错误。黑 2 可将右上 3 个死子救回，白棋损失惨重。此处必须防守。

15 第 15 题（白先）

难度：★★

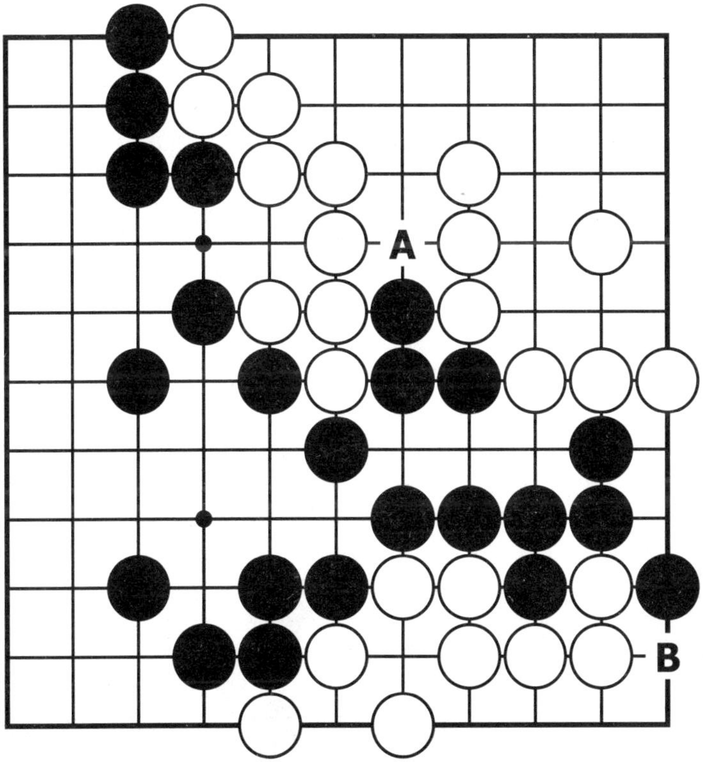

该防守还是扩张？请思考，并在正确选项后面的括号中画「√」。

A（　　）　B（　　）

正解

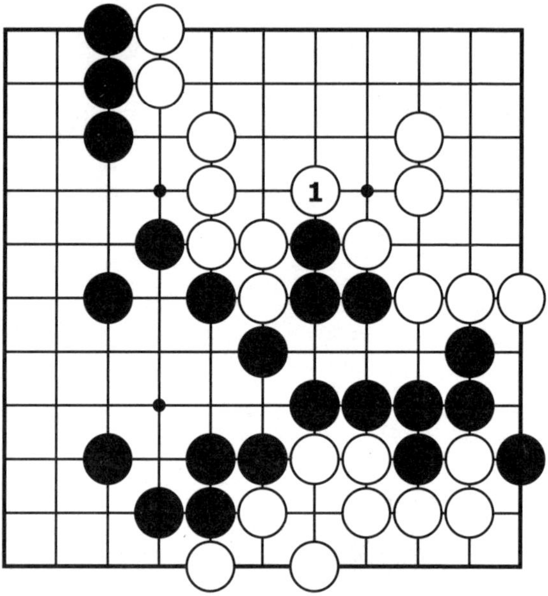

白 1 选择正确。此处漏洞明显，必须防守。

错解

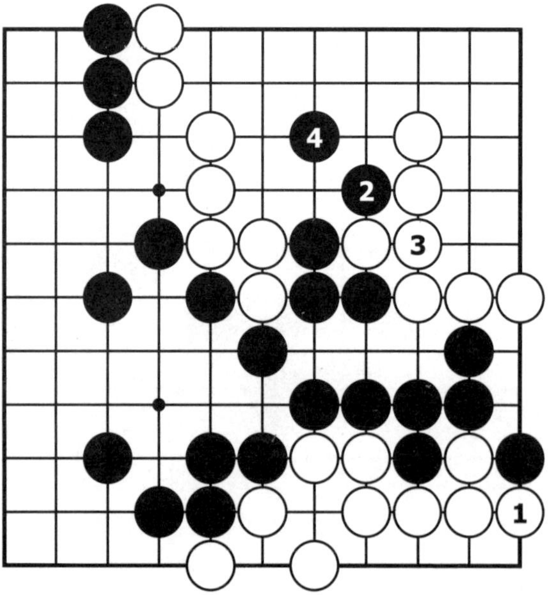

白 1 选择错误。黑 2、黑 4 不仅大幅度破坏白方阵营，还对白棋整体构成威胁，此处是局面的要点，必须防守。

16 第 16 题（白先）

难度：★★

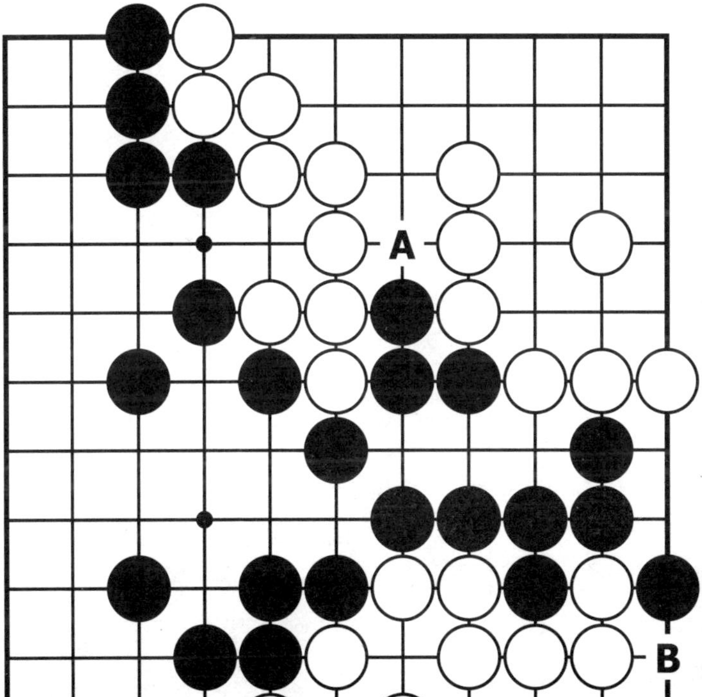

该防守还是扩张？请思考，并在正确选项后面的括号中画「√」。

A（ ） B（ ）

正解

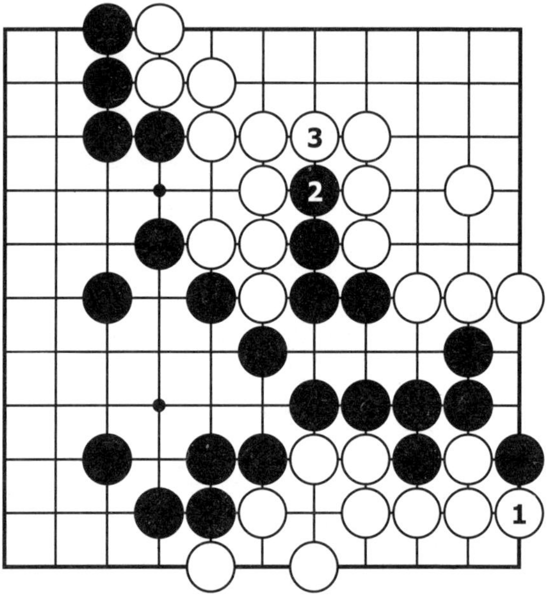

白 1 选择正确。右下是最大的地方，需尽快抢占，不需要跟着对方防守。

错解

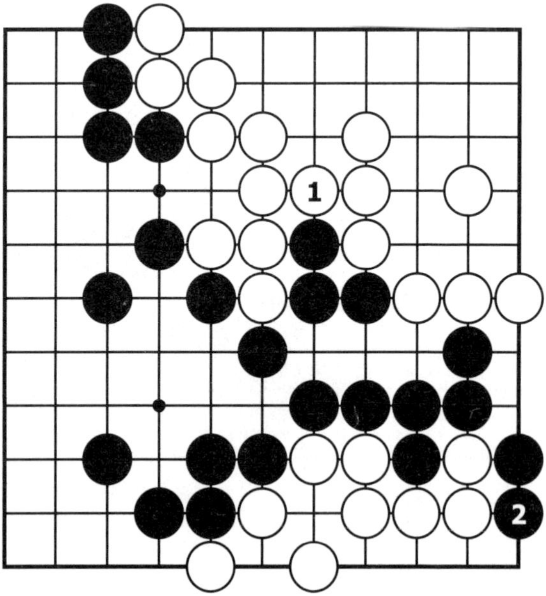

白1选择错误。此处已经固若金汤，没有必要防守。

17 第 17 题(黑先)

难度：★★

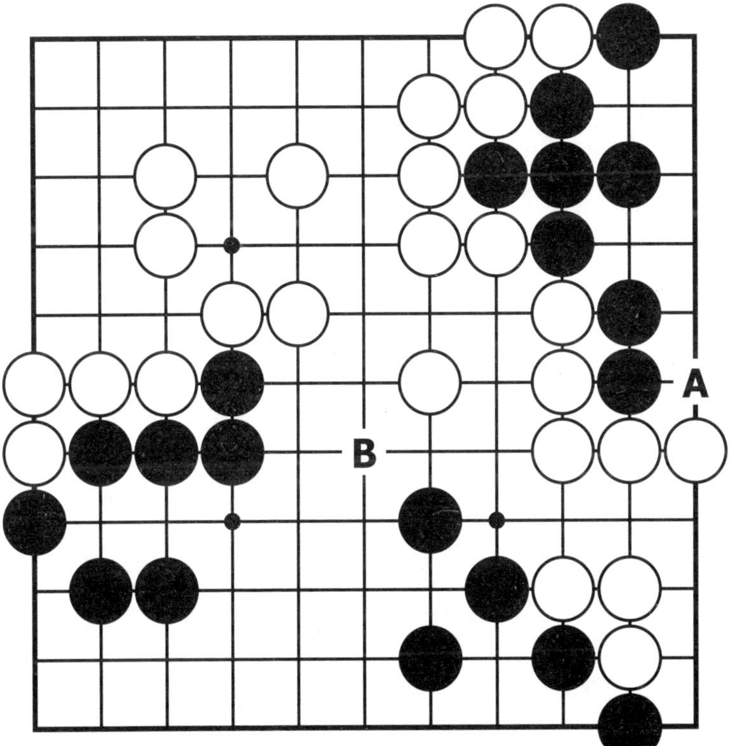

该防守还是扩张？请思考，并在正确选项后面的括号中画「√」。

A(　　)　　B(　　)

正解

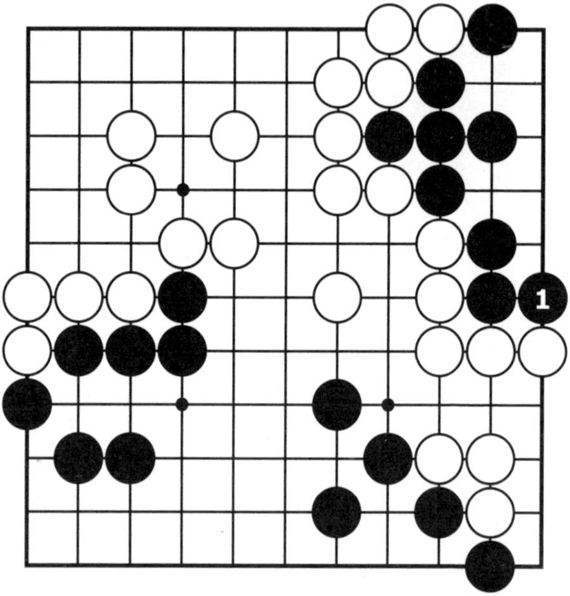

黑 1 选择正确。此处价值巨大，必须防守。

错解

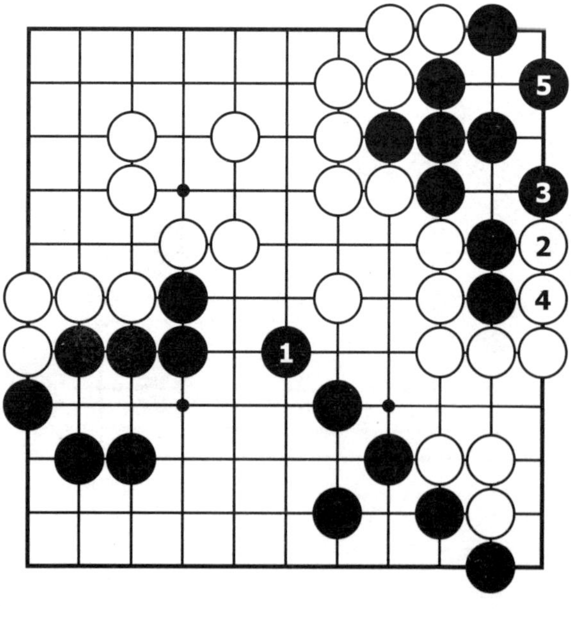

黑 1 选择错误。白 2、白 4 不仅价值大，还对黑棋整体构成威胁，黑 5 做活太委屈，此处必须防守。

18 第 18 题（黑先）

难度：★★

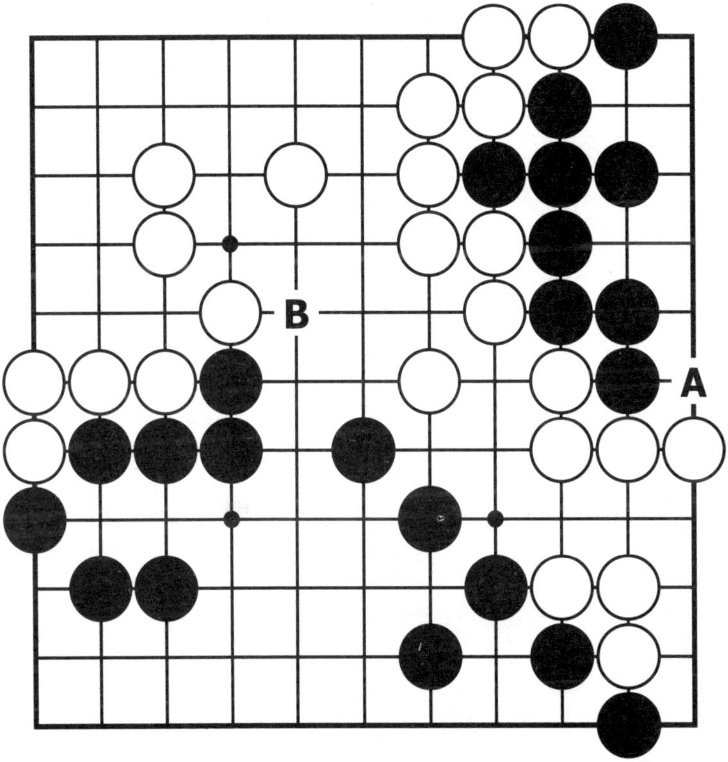

该防守还是扩张？请思考，并在正确选项后面的括号中画「√」。

A（　　）　B（　　）

正解

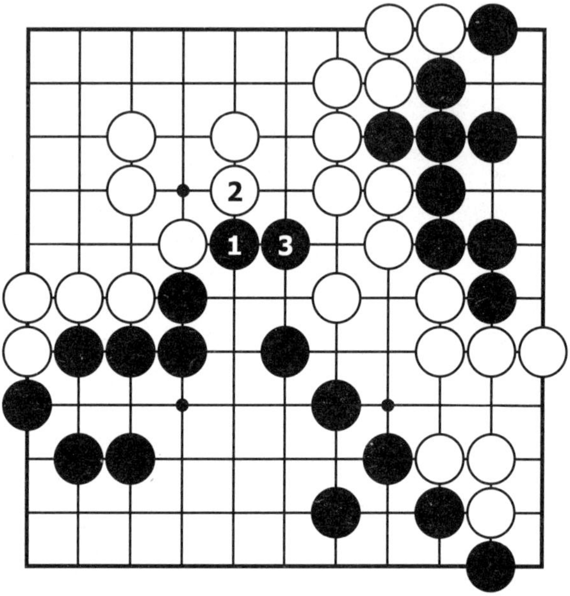

黑 1 选择正确。此处价值极大，右上角无须防守。

错解

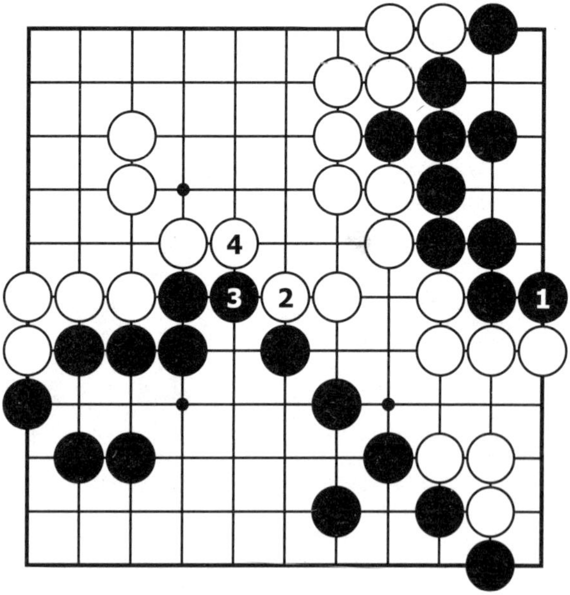

黑 1 选择错误。此处无须防守，白 2、白 4 价值很大，黑失败。

第 19 题（白先）

难度：★★

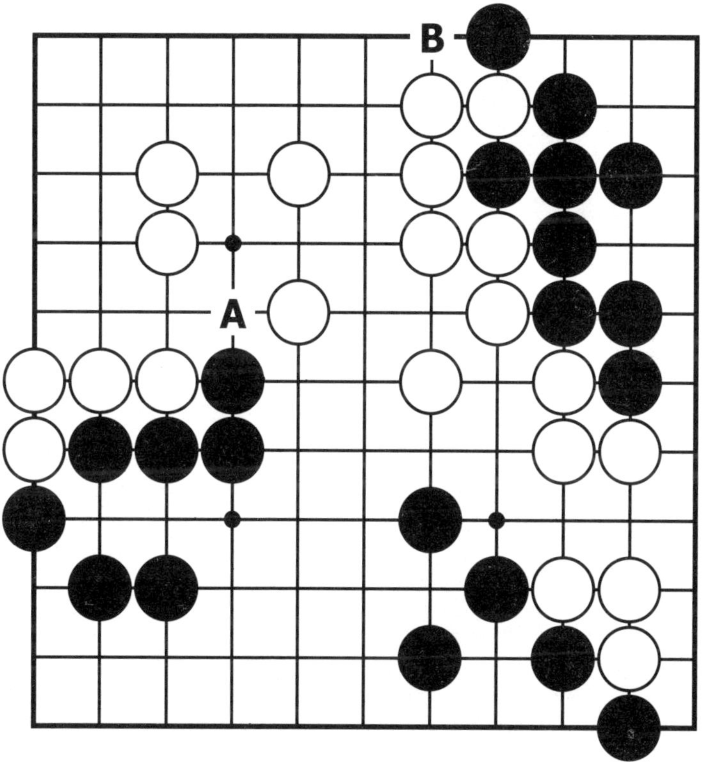

该防守还是扩张？请思考，并在正确选项后面的括号中画「√」。

A（　　）　B（　　）

正解

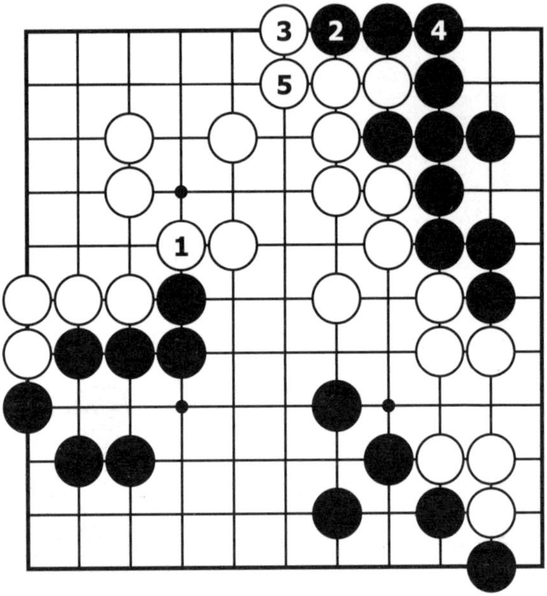

白 1 选择正确。此处价值巨大，必须防守。

错解

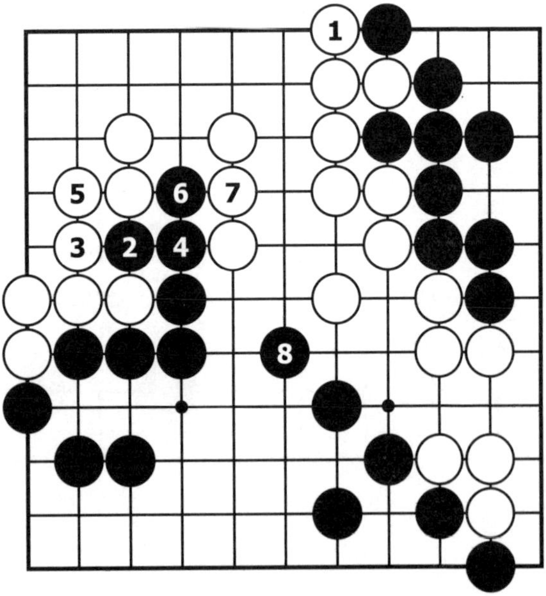

白 1 选择错误。黑 2 以下大踏步进入白方阵地，白损失惨重。

20 第 20 题（白先）

难度：★★★

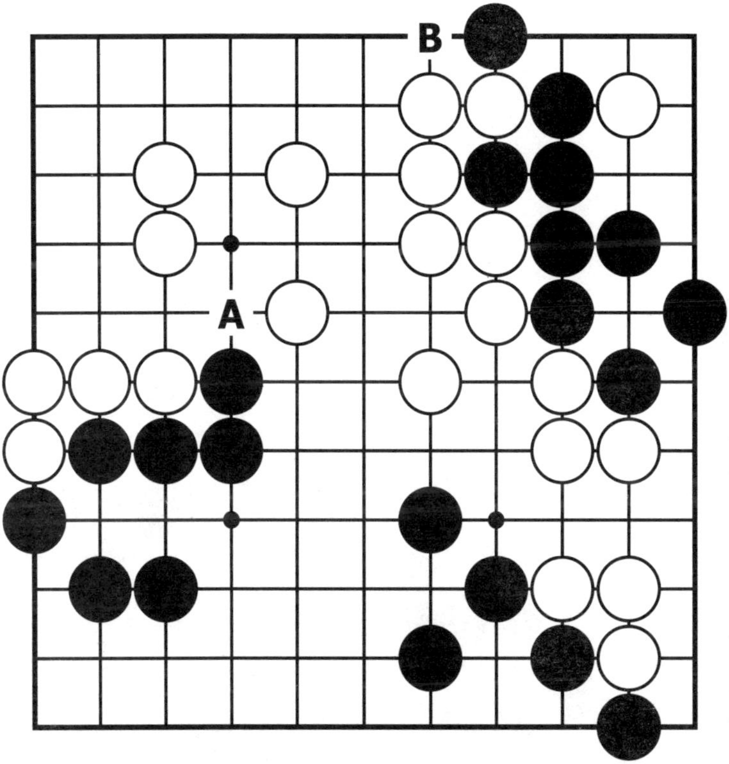

该防守还是扩张？请思考，并在正确选项后面的括号中画「√」。

A（　　）　B（　　）

正解

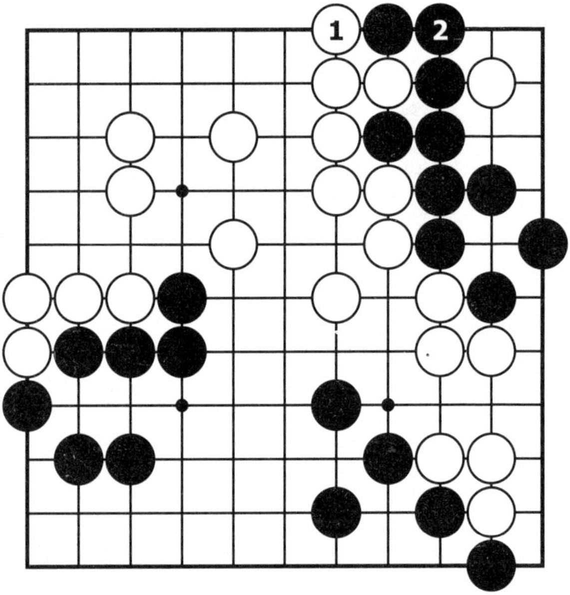

白 1 选择正确。此处是先手，黑棋必须跟着防守。白 3 腾出手来再挡住即可。

错解

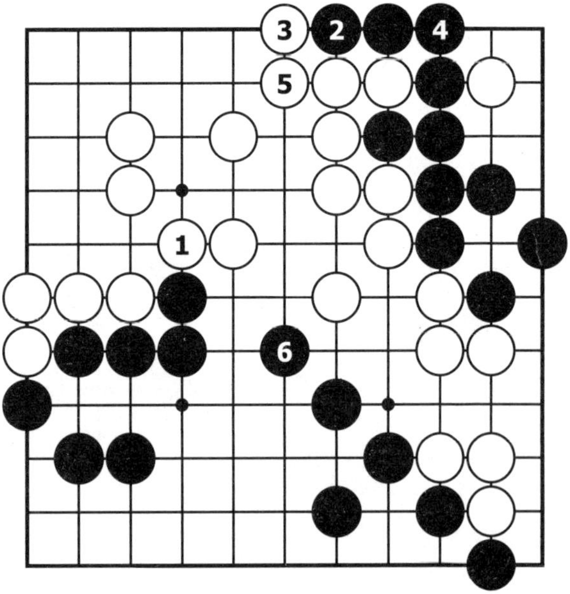

白 1 选择错误。黑 2、黑 4 是先手，此处是双方必争的要点。谁先下都能占得便宜，本图白失败。

第 3 章

围地的间距

在了解围地的方向之后，本章开始进入具体环节——如何围地。

《棋经》云："阔不可太疏，密不可太促。"在本章中，我们要讨论围地的间距问题。间距过宽，容易被敌方进入；间距过窄，效率太低。初学者如果能掌握其中的要领，将大幅提升布局的水平。

小贴士 围地的时候，要随时观察子力间的配合。如果棋子比较坚固，或者已经是"活棋"，则可大幅度围地；如果棋子比较单薄，或者存在死活问题，则需要谨慎围地，步子不能迈得太大。

第 1 题（黑先）

难度：★

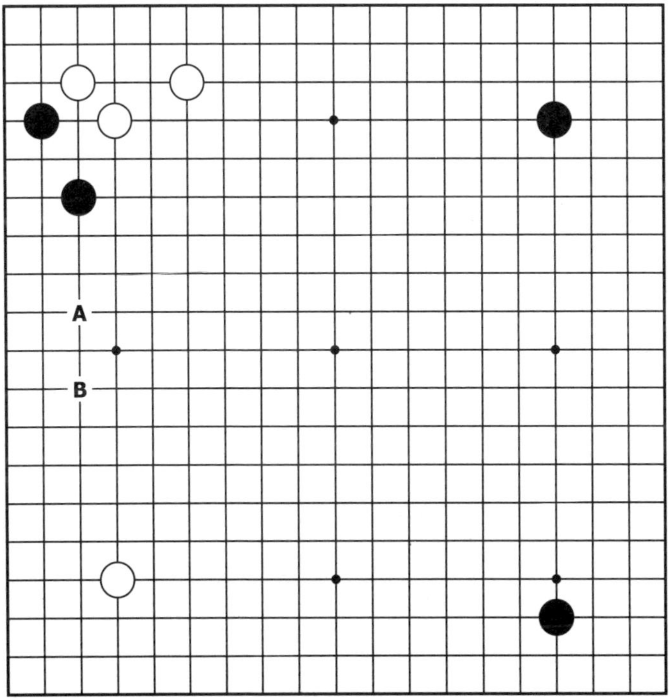

想一想，围在哪个位置比较合适呢？在正确选项后面的括号中画「√」。

A（　　）　B（　　）

正解

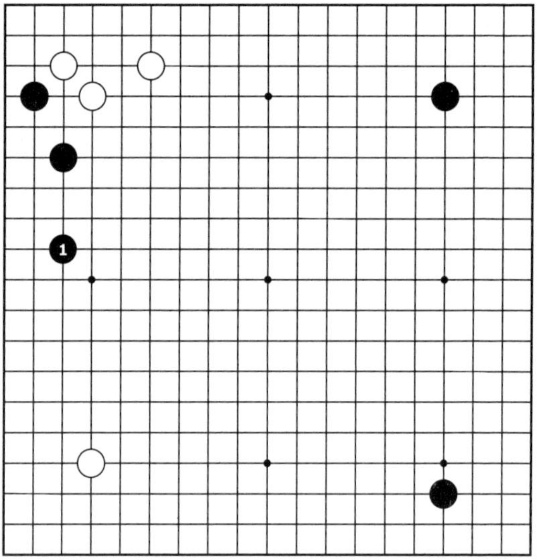

黑 1 选择正确，间距合理。此处黑棋有些薄弱，围地时需要谨慎一些。

错解

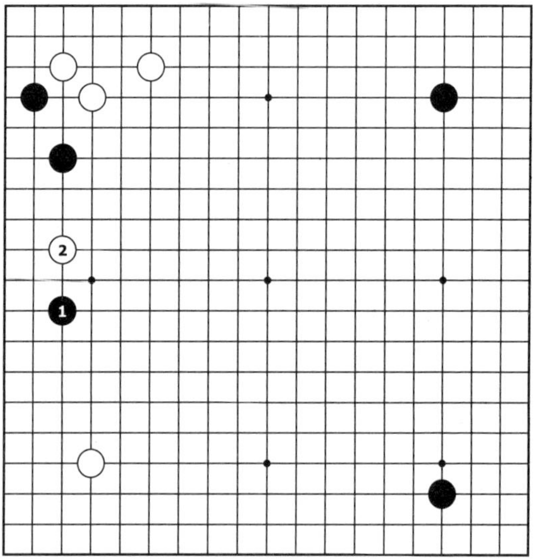

黑 1 选择错误。白 2 打 入 后，黑棋被分割成两块，作战不利。

第 2 题（黑先）

难度：★

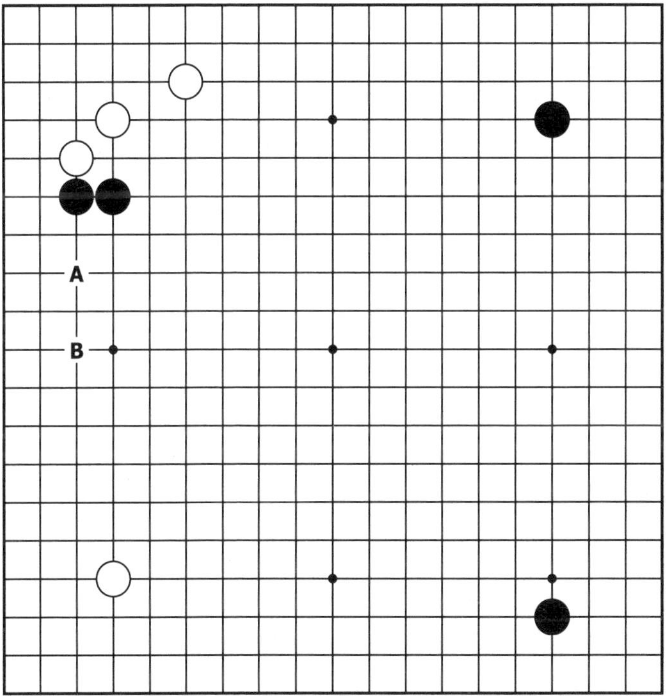

想一想，围在哪个位置比较合适呢？在正确选项后面的括号中画「√」。

A（　　）　B（　　）

正解

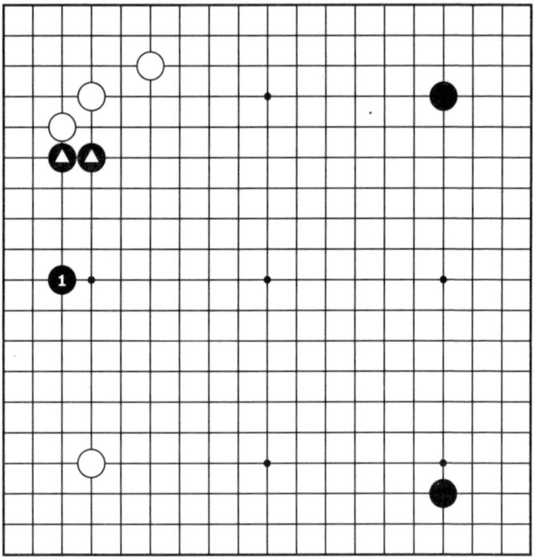

黑1选择正确，间距合理。此处黑棋有两颗棋子，相对强大，步子可以迈大一些。

错解

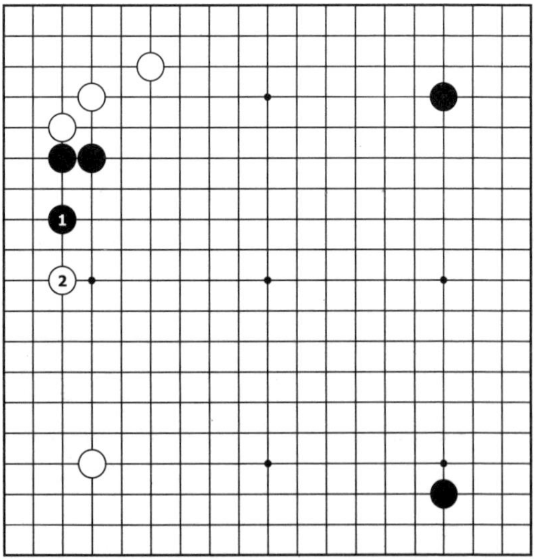

黑1选择错误。间隔过窄，围得太小，没有发挥棋子的效率。

3Q 第 3 题（黑先）

难度：★

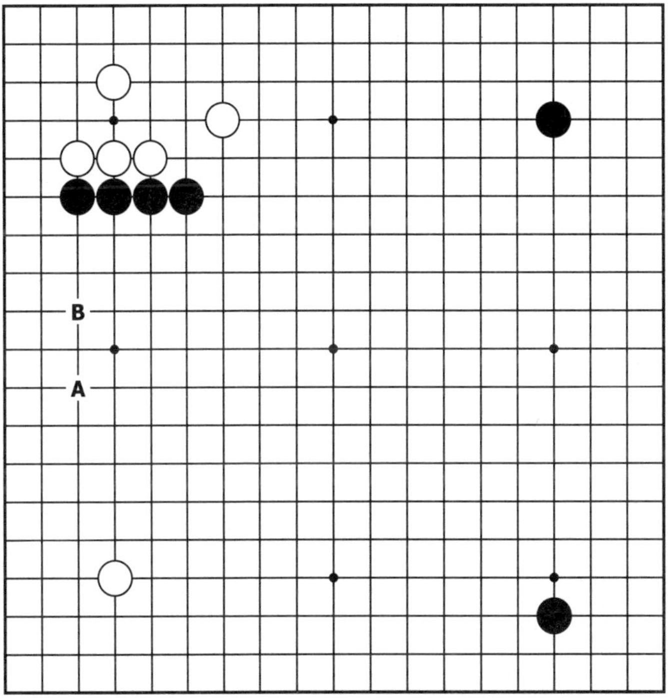

想一想，围在哪个位置比较合适呢？在正确选项后面的括号中画「√」。

A（　　）　B（　　）

正解

黑 1 选择正确，间距合理。此处黑棋有 4 颗棋子做后盾，步子可以迈大一些。

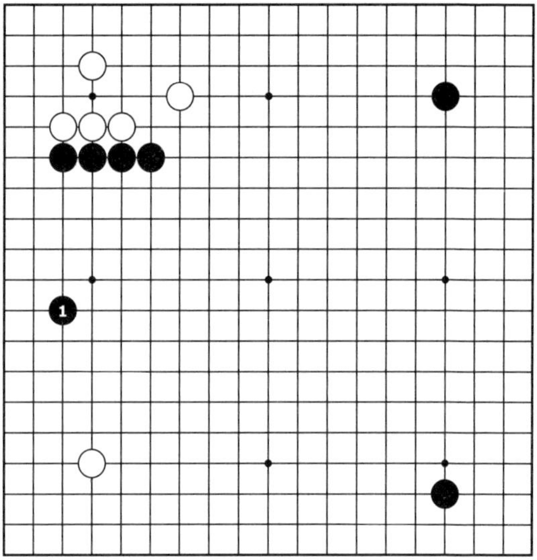

错解

黑 1 选择错误。间隔过窄，围得太小，没有发挥左上棋子的效率。

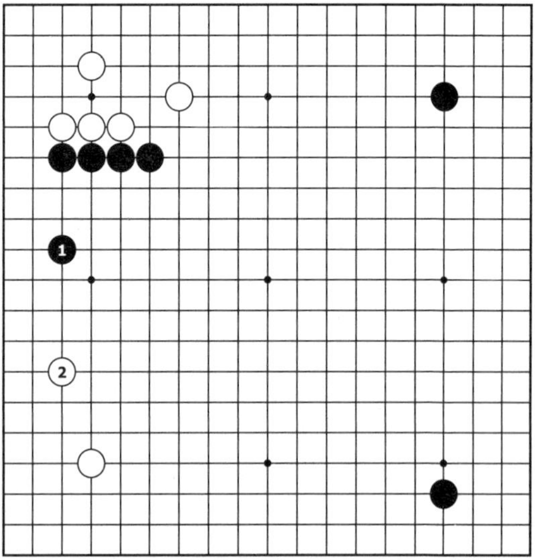

第 4 题（黑先）

难度：★

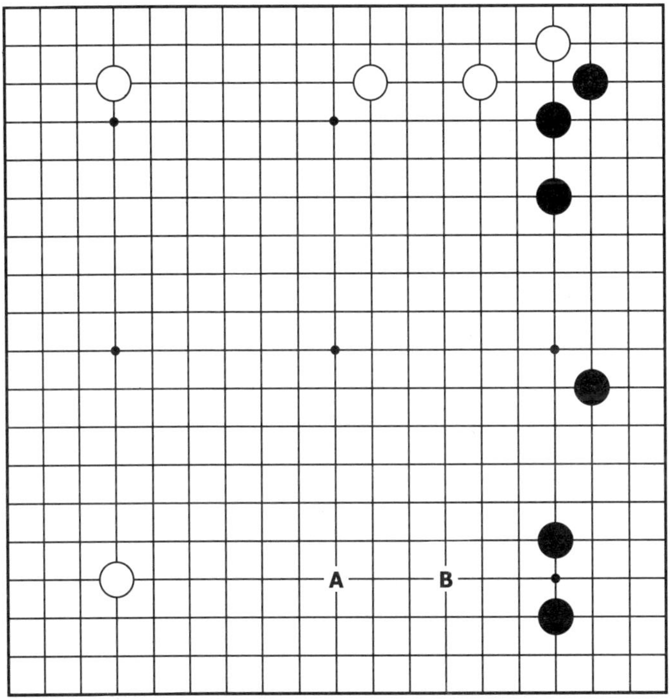

想一想，围在哪个位置比较合适呢？在正确选项后面的括号中画「√」。

A（　　）　　B（　　）

正解

黑 1 选择正确，间距合理。此处黑棋依托右边势力，可以围得大一些。

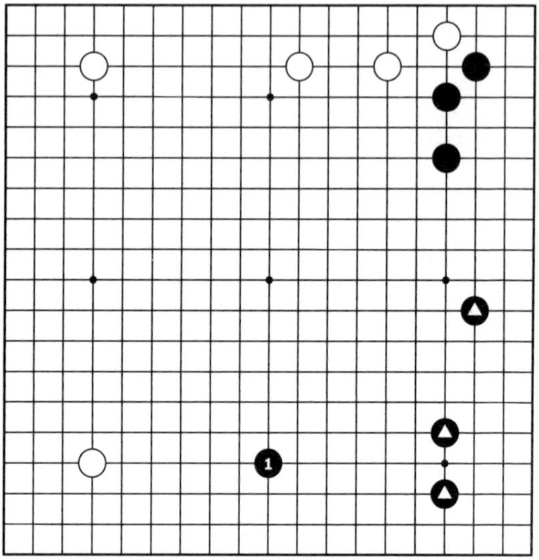

错解

黑 1 选择错误。间隔过窄，围得太小，没有发挥右边阵势的威力。

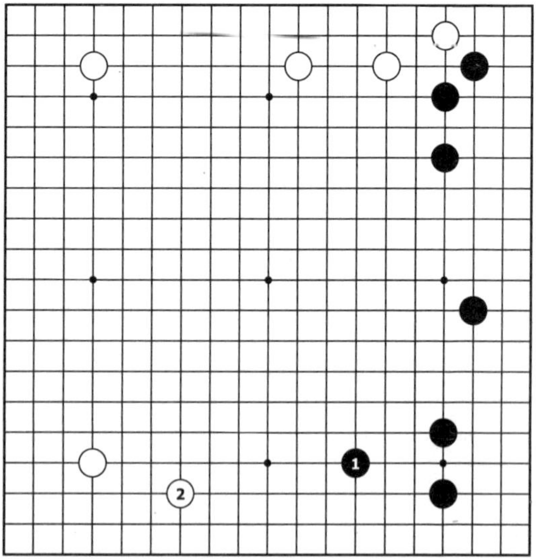

5Q 第 5 题（黑先）

难度：★

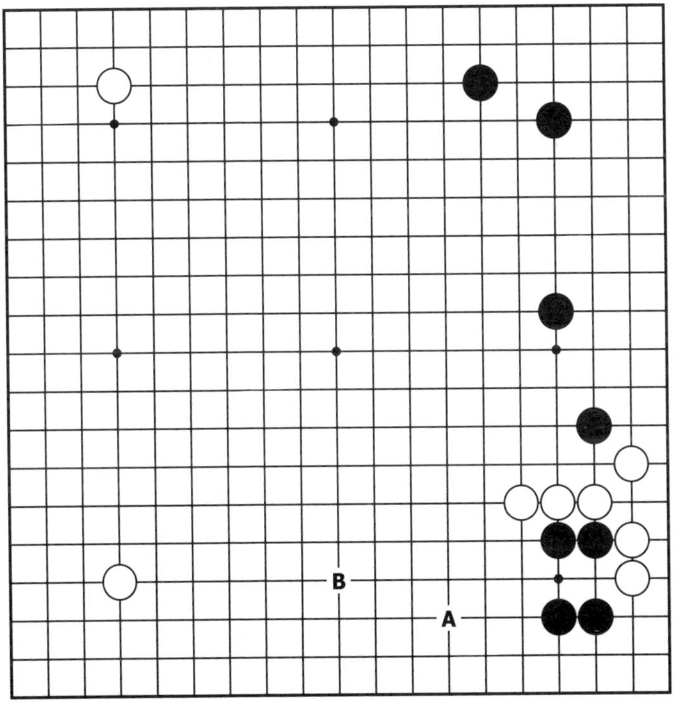

想一想，围在哪个位置比较合适呢？在正确选项后面的括号中画「√」。

A（　　）　B（　　）

正解

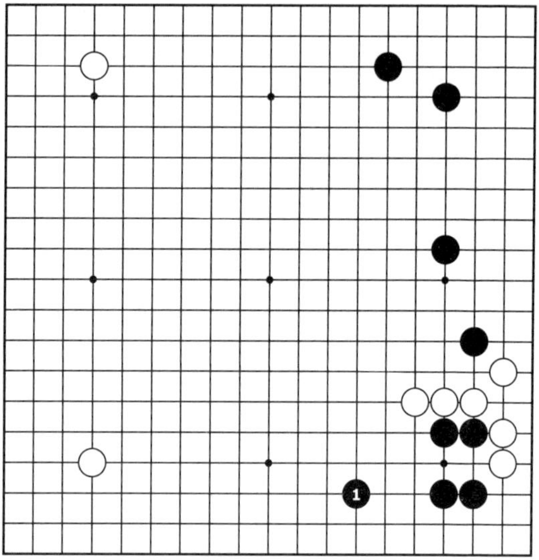

黑 1 选择正确，间距合理。此处黑棋有些薄弱，围地时需要谨慎一些。

错解

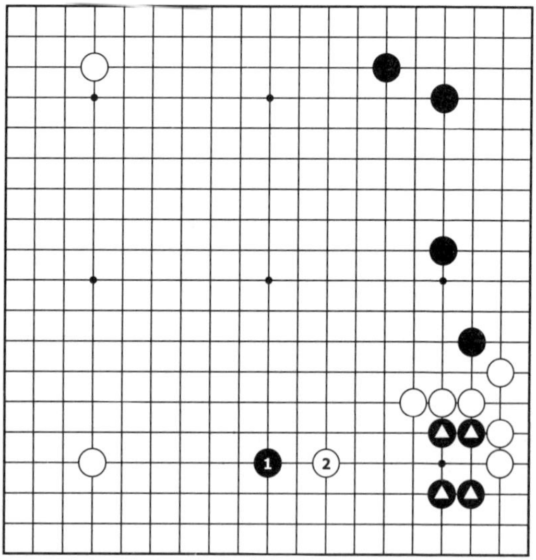

黑 1 选择错误。白 2 打入后，黑棋右下 4 颗棋子危险，作战不利。

第 6 题（白先）

难度：★★

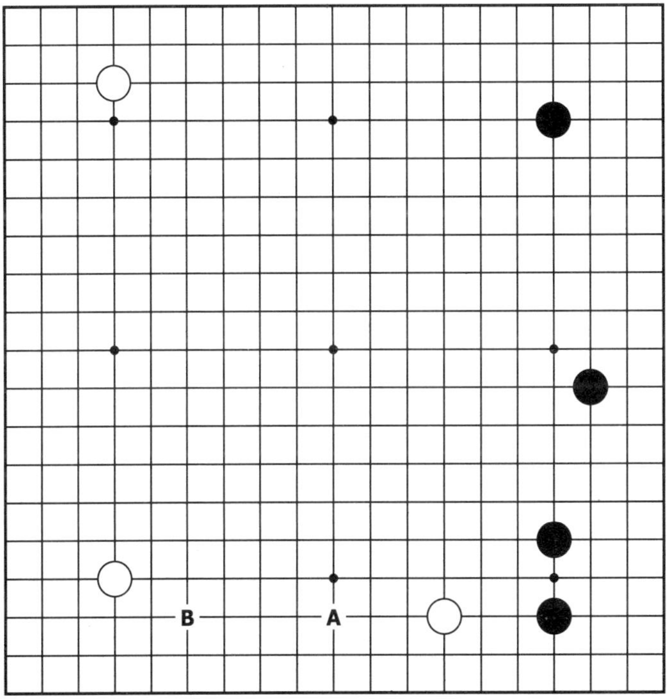

想一想，围在哪个位置比较合适呢？在正确选项后面的括号中画「√」。

A（　　）　B（　　）

正解

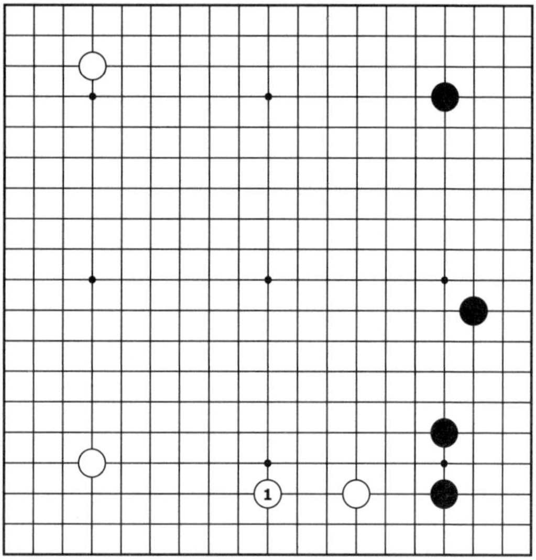

白 1 选择正确，间距合理。此处白棋势单力孤，围地时需要谨慎一些。

错解

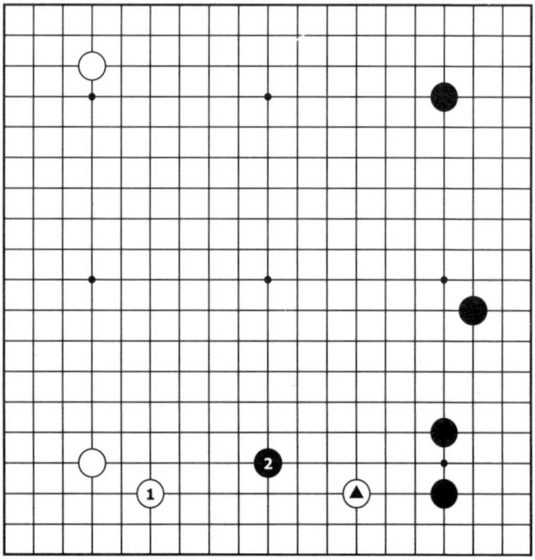

白 1 选择错误。黑 2 打入后，白棋右下棋子危险，作战不利。

7 第 7 题（白先）

难度：★★

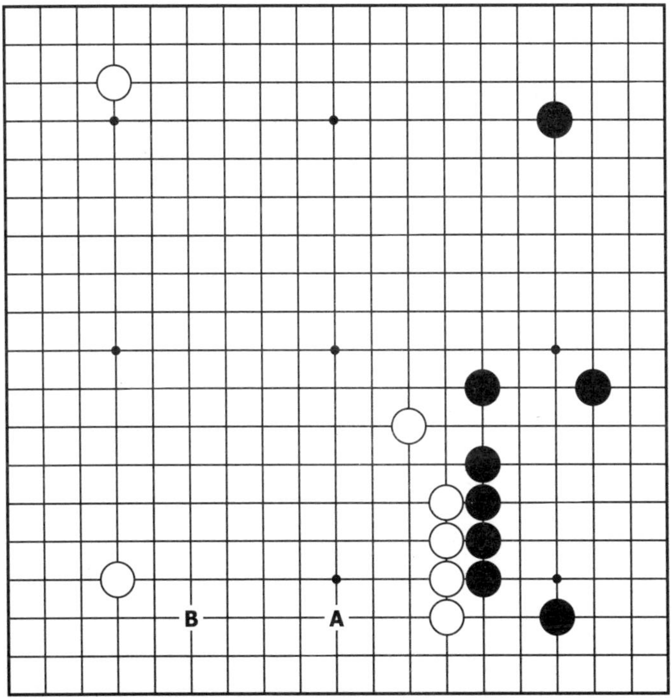

想一想，围在哪个位置比较合适呢？在正确选项后面的括号中画「√」。

A（　　）　B（　　）

正解

白 1 选择正确，间距合理。此处白棋势力强大，可以围得大一些。

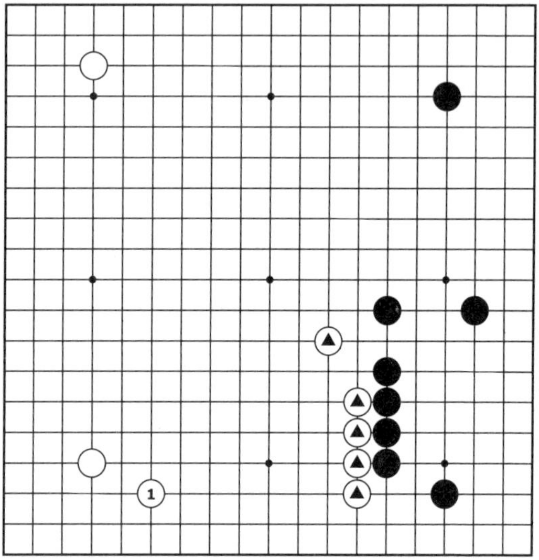

错解

白 1 选择错误。间隔过窄，围得太小，没有发挥右边厚势的威力。

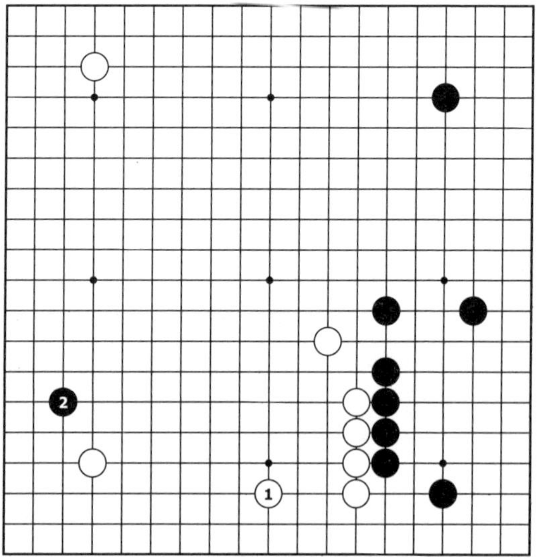

第 8 题（黑先）

难度：★★

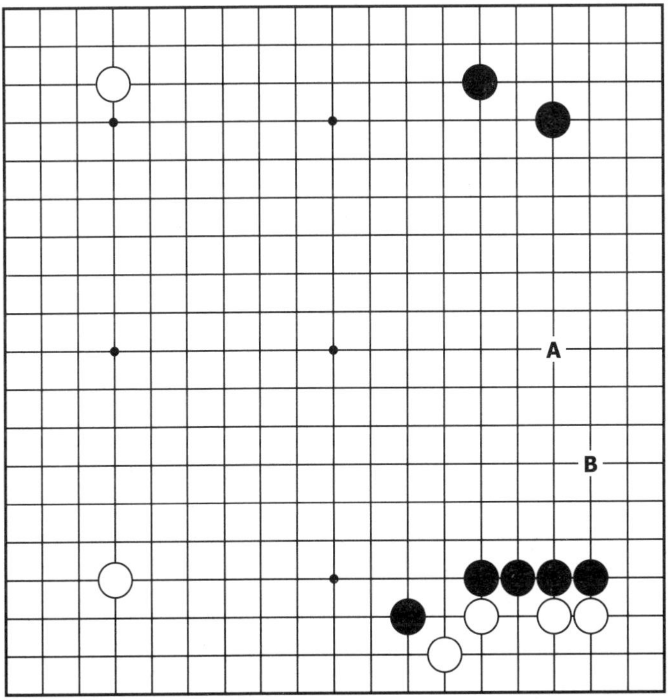

想一想，围在哪个位置比较合适呢？在正确选项后面的括号中画「√」。

A（　　）　　B（　　）

正解

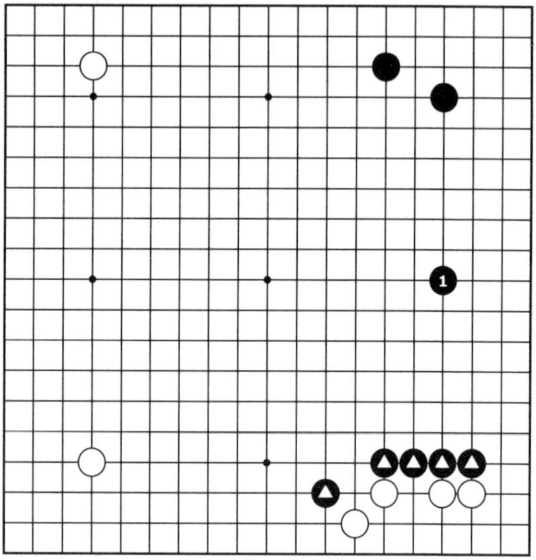

黑 1 选择正确，间距合理。此处黑棋依托右下势力，应该围得大一些。

错解

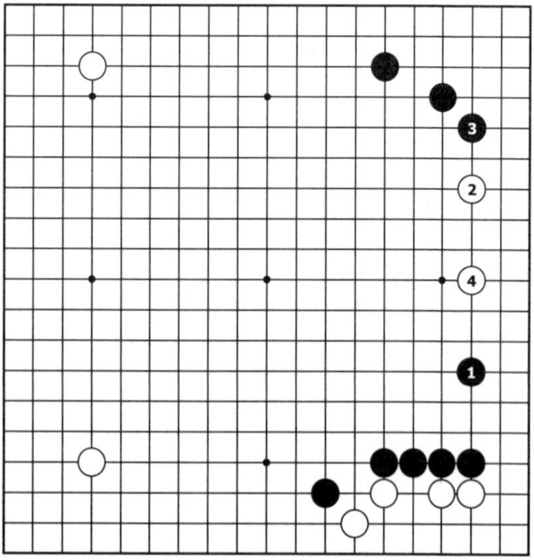

黑 1 选择错误。间隔过窄，围得太小，没有发挥右下厚势的威力。

第 9 题（黑先）

难度：★★

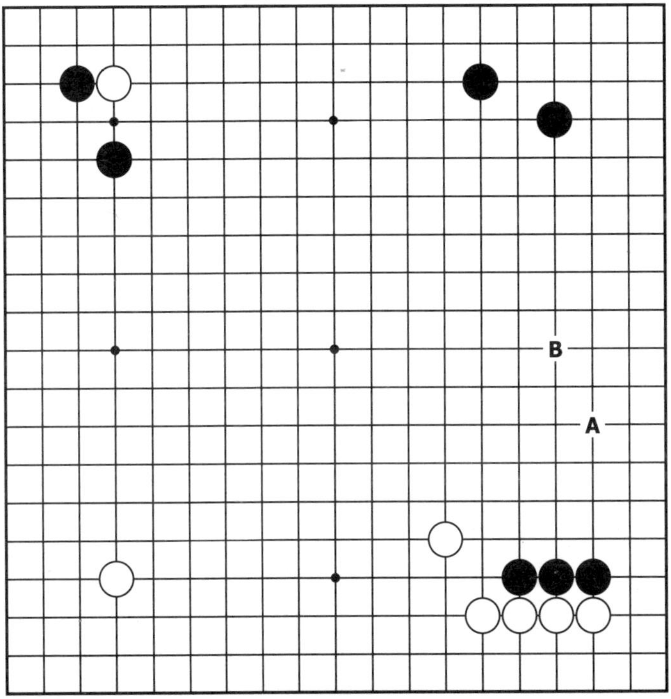

想一想，围在哪个位置比较合适呢？在正确选项后面的括号中画「√」。

A（　　）　B（　　）

正解

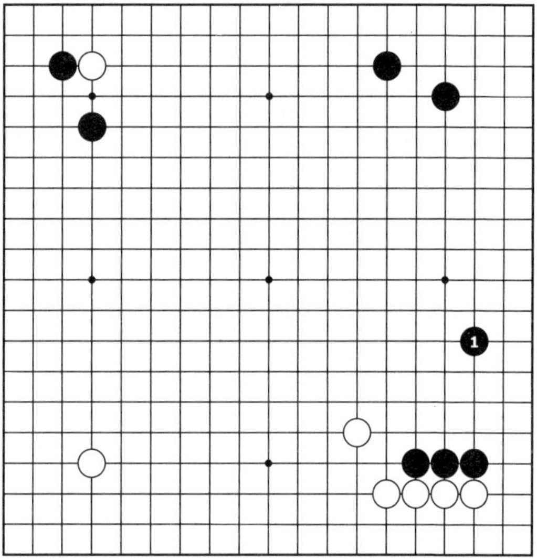

黑 1 选择正确，间距合理。此处黑棋有些薄弱，围地时需要谨慎一些。

错解

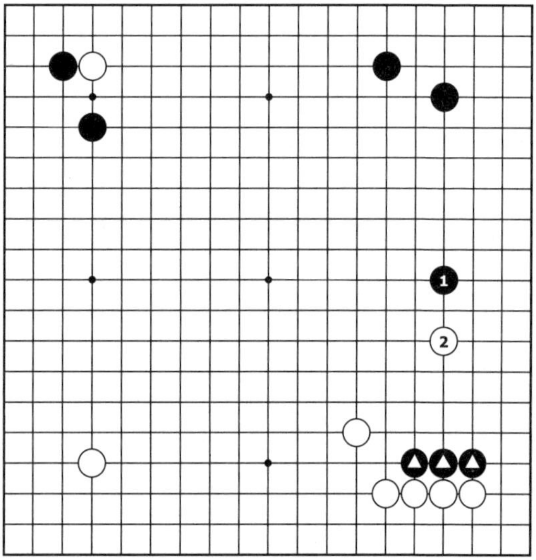

黑 1 选择错误。白 2 打入后，黑棋右下 3 颗棋子危险，作战不利。

10 第 10 题（黑先）

难度：★★

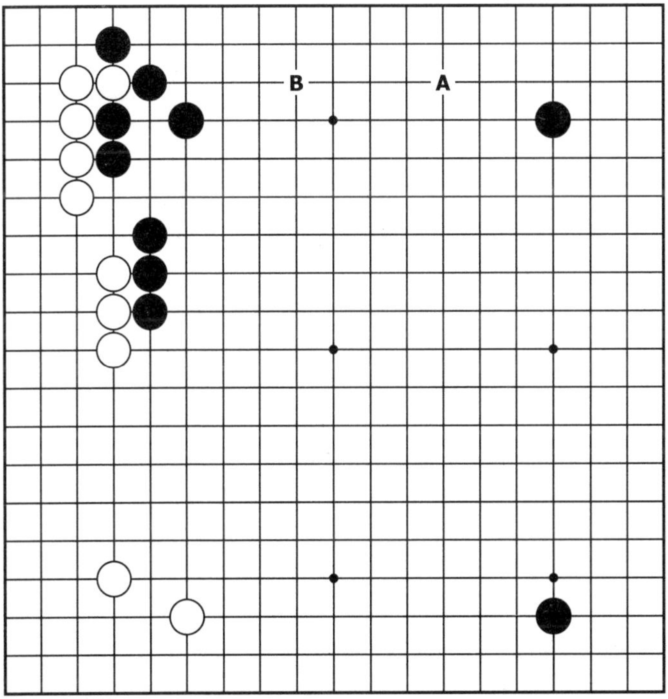

想一想，围在哪个位置比较合适呢？在正确选项后面的括号中画「√」。

A（　　）　B（　　）

正解

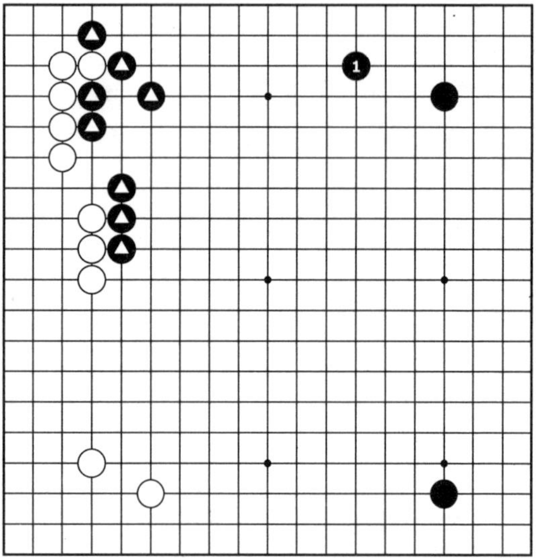

黑 1 选择正确。黑棋左上势力强大，围得越大越好。

错解

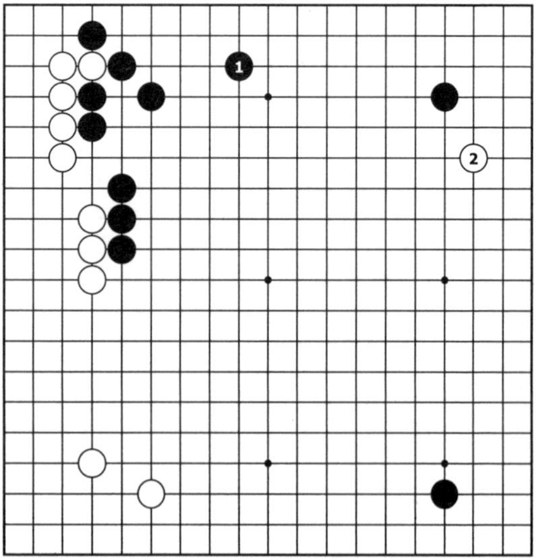

黑 1 选择错误。间隔过窄，围得太小，没有发挥左上厚势的威力。

第 11 题（黑先）

难度：★★

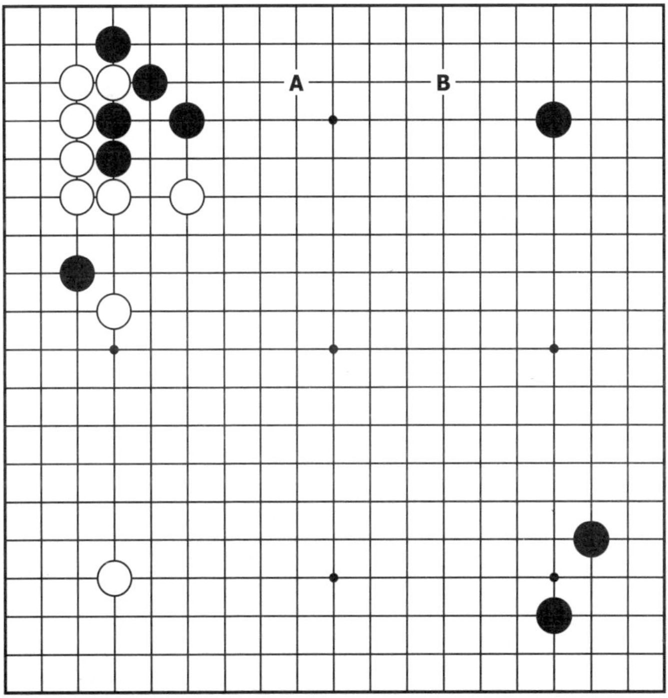

想一想，围在哪个位置比较合适呢？在正确选项后面的括号中画「√」。

A（　　）　B（　　）

正解

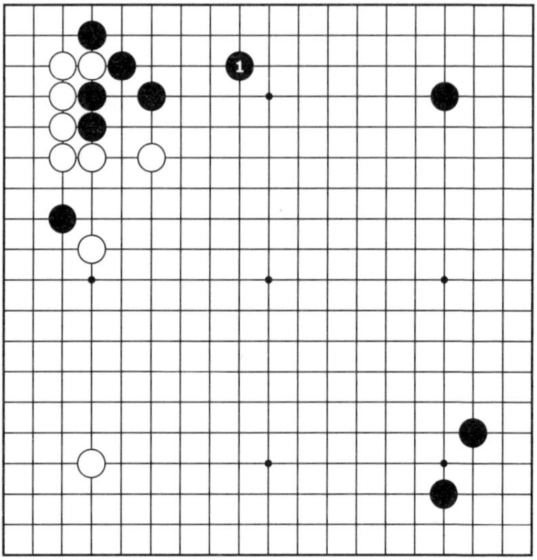

黑 1 选择正确，间距合理。此处黑棋有些薄弱，围地时需要谨慎一些。

错解

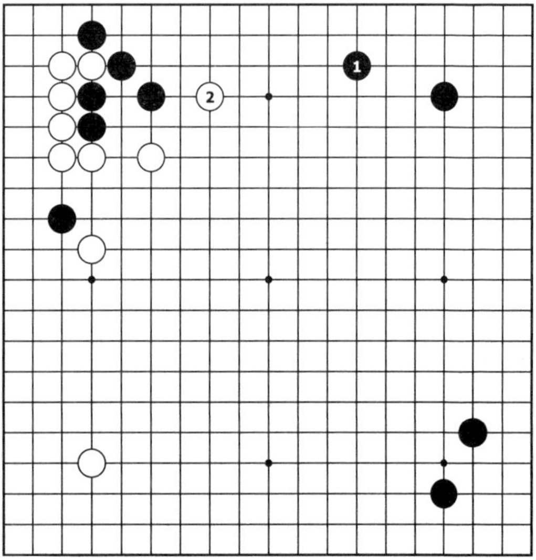

黑 1 选择错误。白 2 打入后，黑棋左上 5 颗棋子危险，作战不利。

第 12 题（黑先）

难度：★★

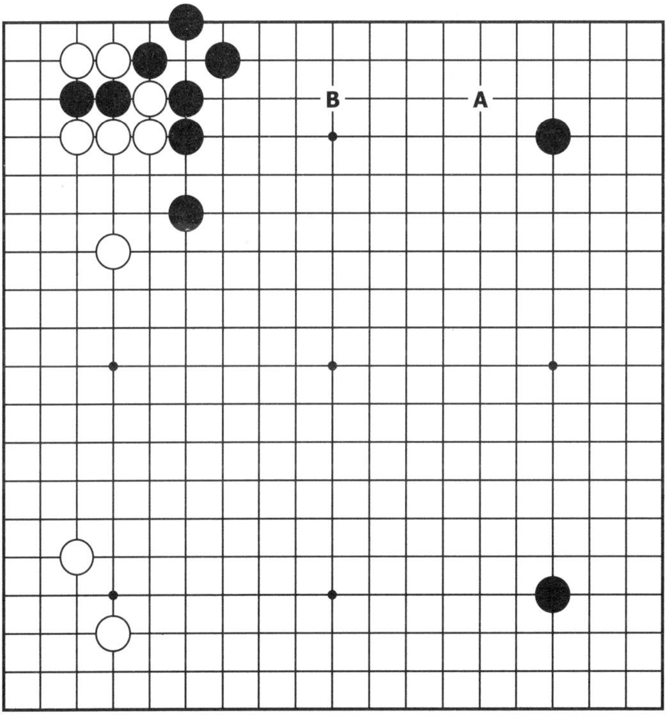

想一想，围在哪个位置比较合适呢？在正确选项后面的括号中画「√」。

A（　　）　　B（　　）

正解

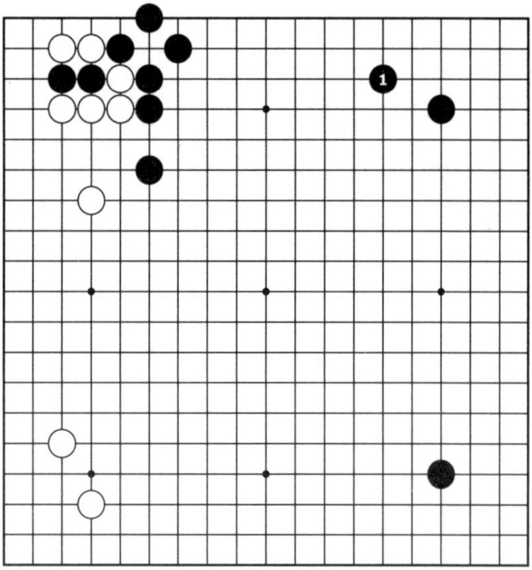

黑 1 选择正确，间距合理。此处黑棋没有薄弱的棋子，围得大一些没问题。

错解

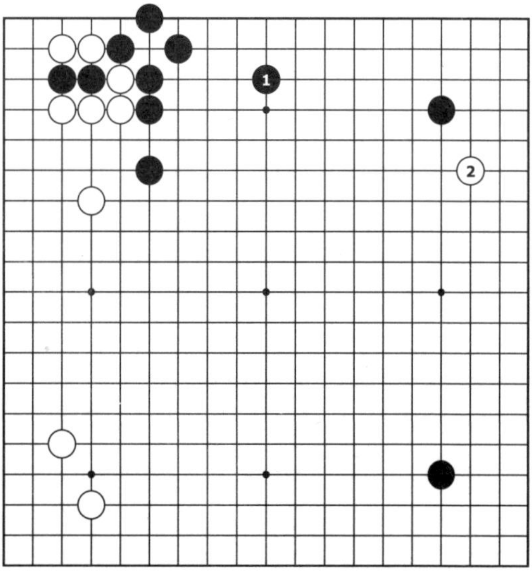

黑 1 选择错误。间隔过窄，围得太小，没有发挥左上厚势的威力。

13 第 13 题（黑先）

难度：★★

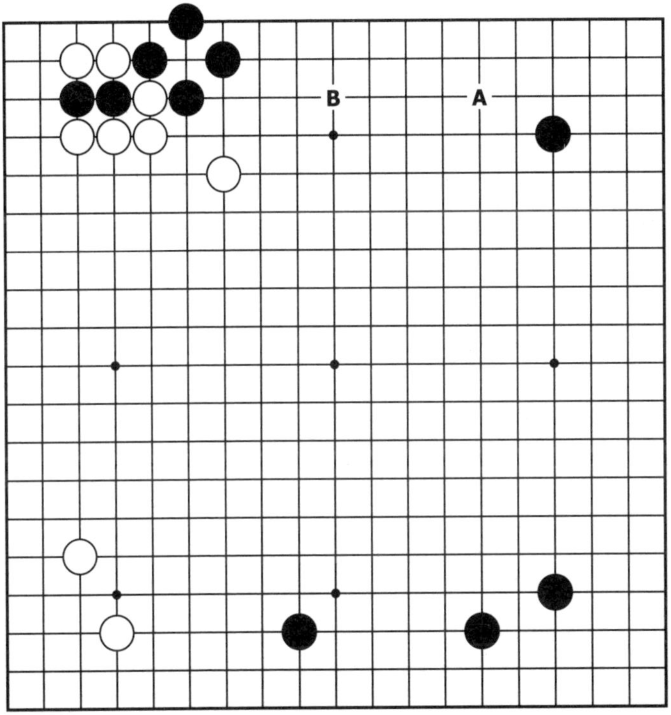

想一想，围在哪个位置比较合适呢？在正确选项后面的括号中画「√」。

A（　　）　B（　　）

正解

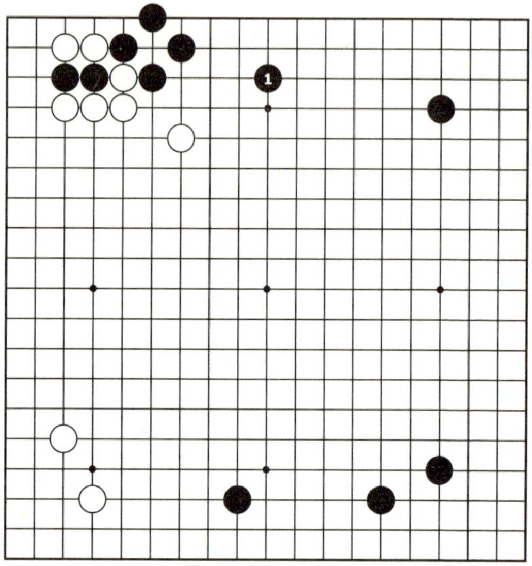

黑 1 选择正确，间距合理。此处黑棋有些薄弱，围地时需要谨慎一些。

错解

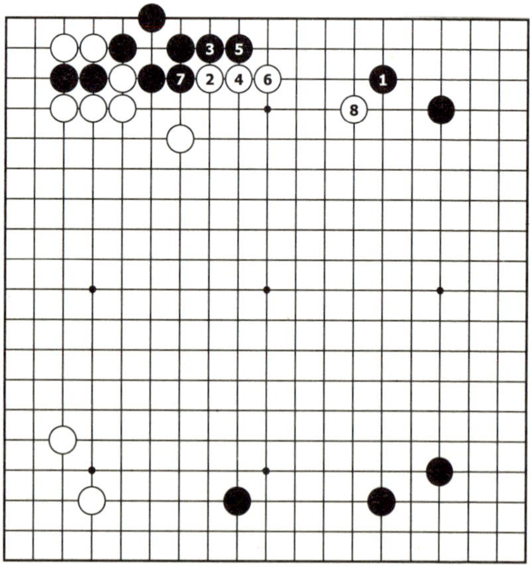

黑 1 选择错误。白 2 飞压迫黑棋，黑棋只好苦活，很难受。

第 14 题（黑先）

难度：★★

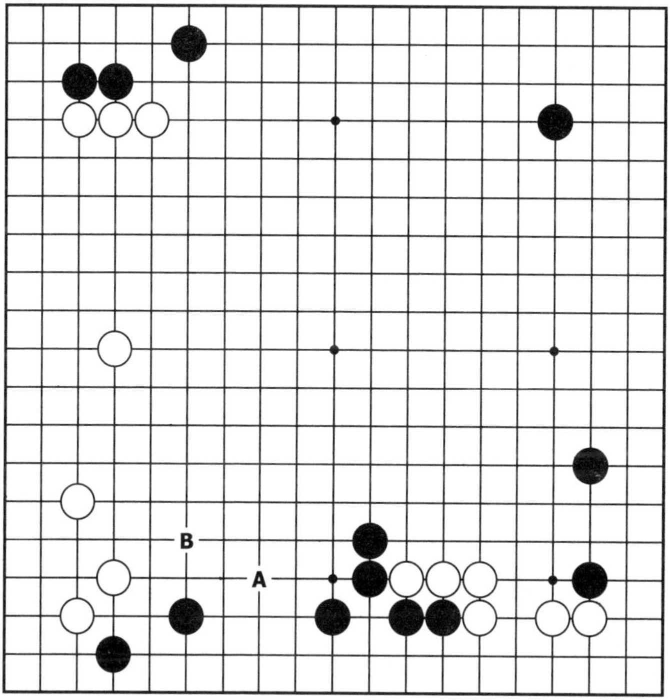

想一想，围在哪个位置比较合适呢？在正确选项后面的括号中画「√」。

A（　　）　B（　　）

正解

黑 1 选择正确。此处黑棋很厚，当然应该围得大一些。

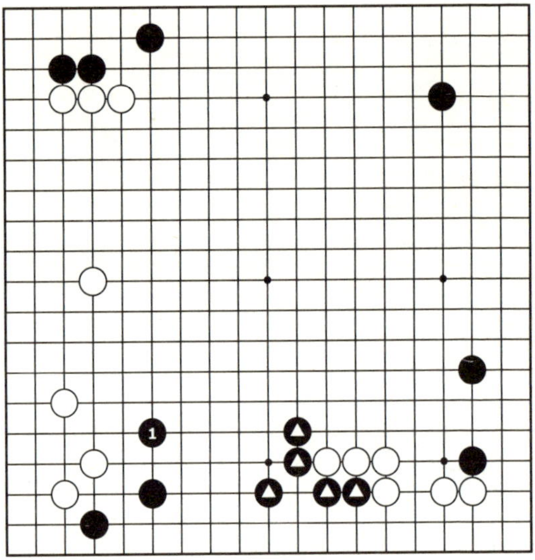

错解

黑 1 选择错误。围得太小，不需要这么谨慎。

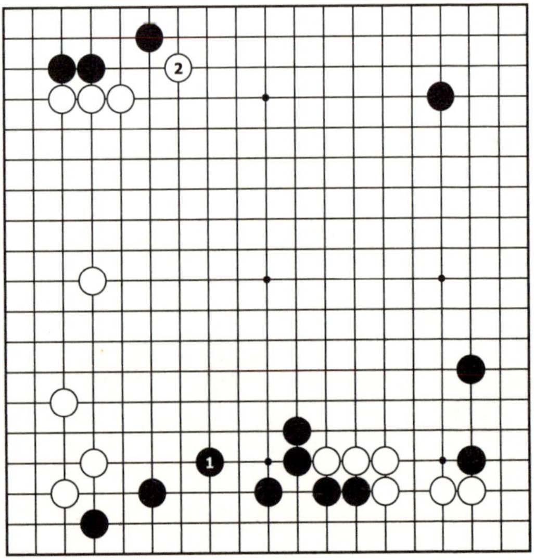

15 第 15 题（黑先）

难度：★★

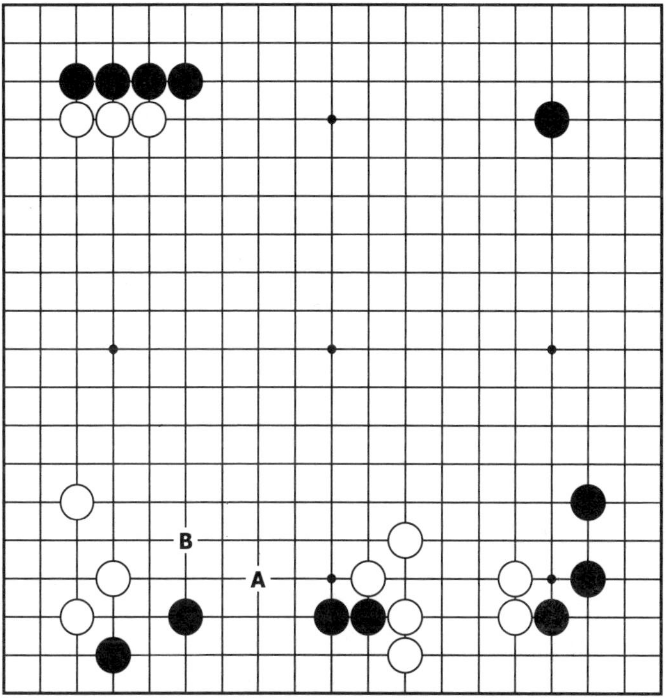

想一想，围在哪个位置比较合适呢？在正确选项后面的括号中画「√」。

A（　　）　B（　　）

正解

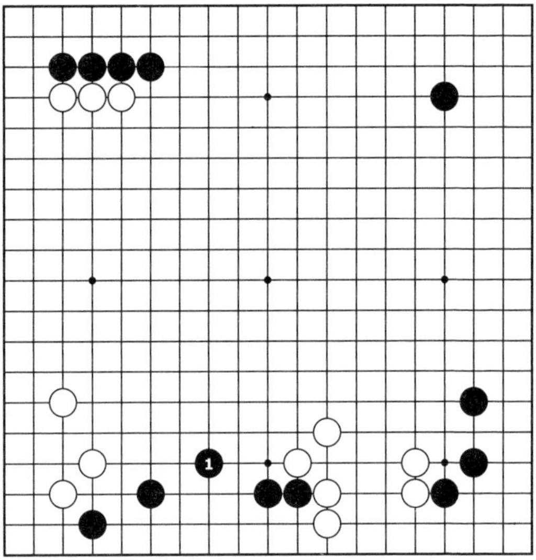

黑 1 选择正确，间距合理。此处黑棋有些薄弱，围地时需要谨慎一些。

错解

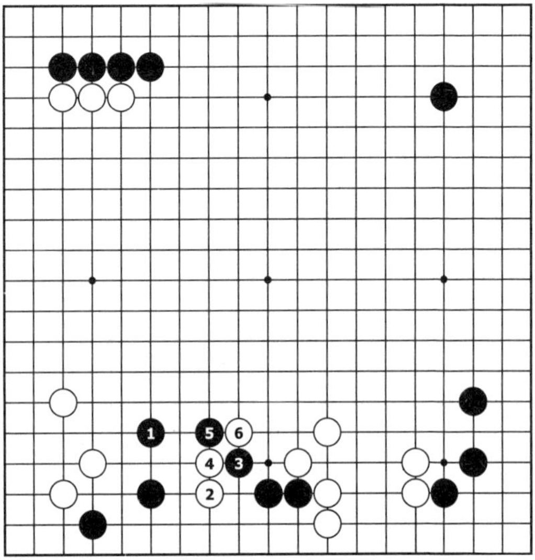

黑 1 选择错误。白 2 打入后，黑棋左右无法兼顾，作战不利。

16 第 16 题（黑先）

难度：★★

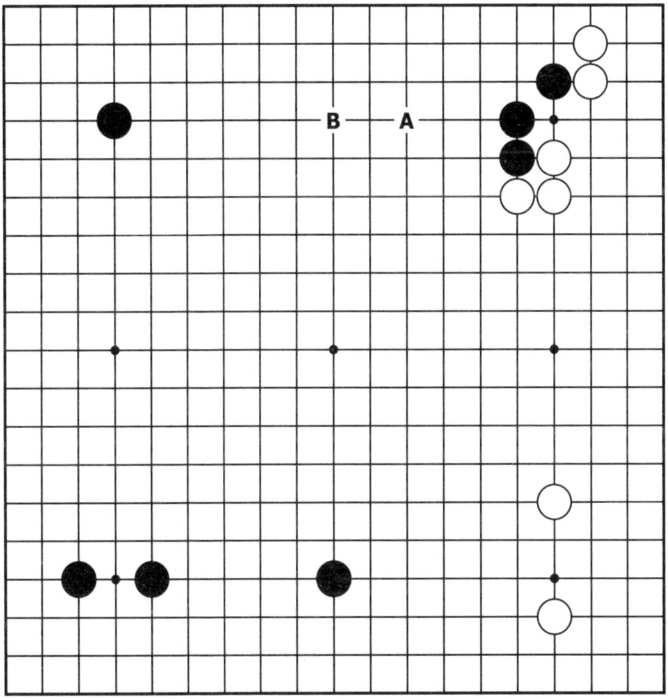

想一想，围在哪个位置比较合适呢？在正确选项后面的括号中画「√」。

A（　　）　　B（　　）

正解

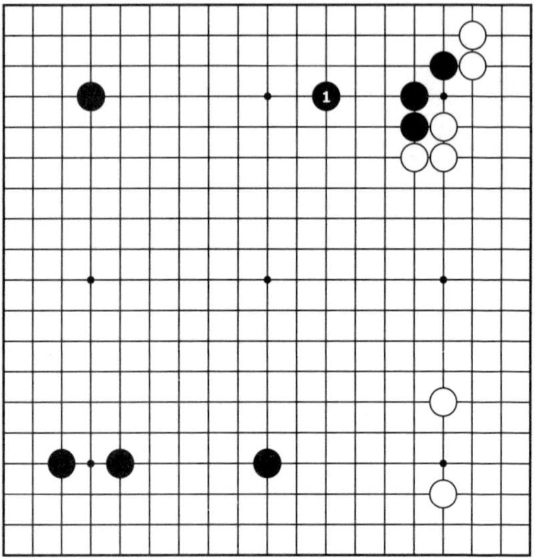

黑 1 选择正确，间距合理。此处黑棋有些薄弱，围地时需要谨慎一些。

错解

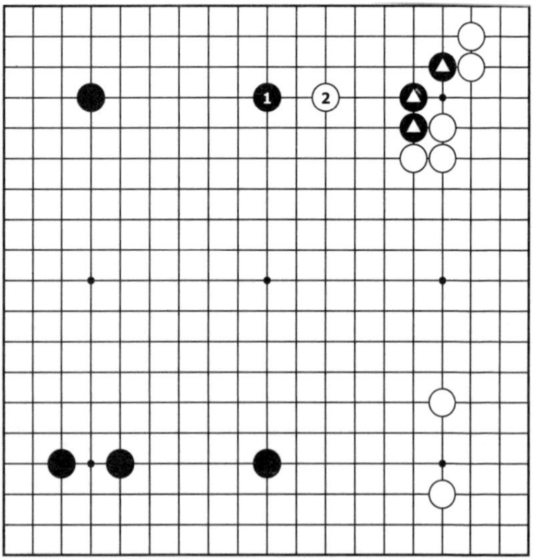

黑 1 选择错误。白 2 打入后，黑棋右上 3 颗棋子危险，作战不利。

17 第 17 题（黑先）

难度：★★

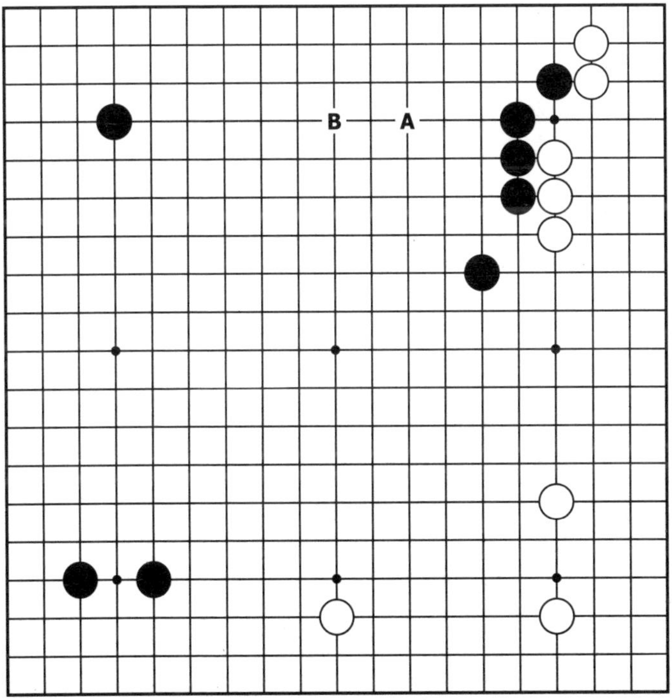

想一想，围在哪个位置比较合适呢？在正确选项后面的括号中画「√」。

A（　　）　　B（　　）

正解

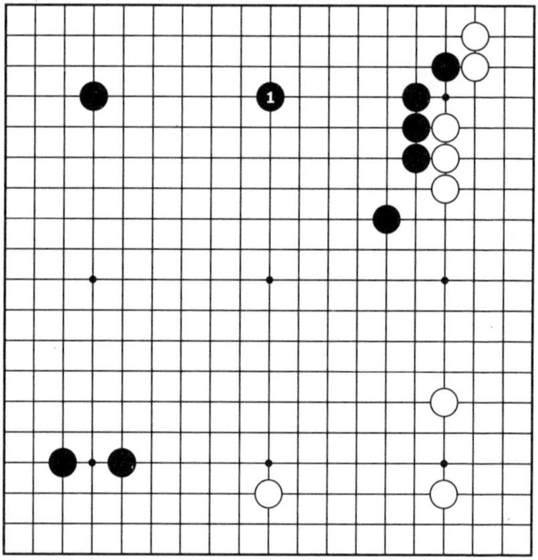

黑 1 选择正确。此处黑棋势力较为强大，步子可以迈大一些。

错解

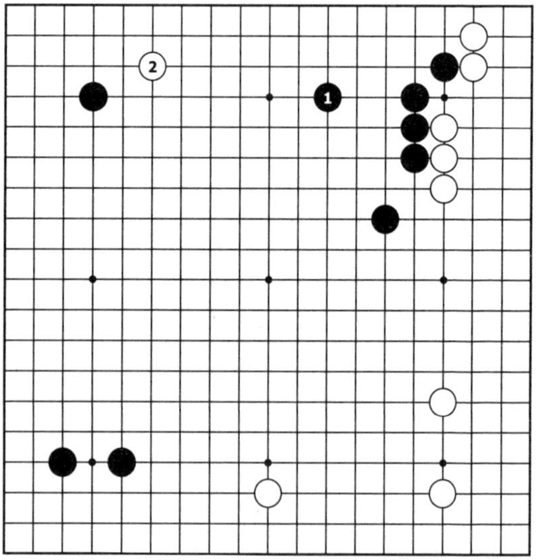

黑 1 选择错误。间隔过窄，围得太小，没有发挥右上厚势的威力。

18 第 18 题（白先）

难度：★★

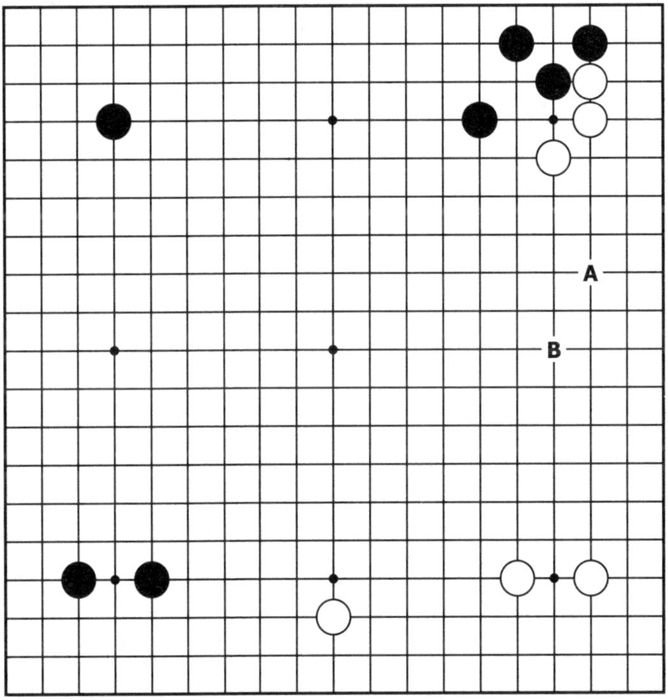

想一想，围在哪个位置比较合适呢？在正确选项后面的括号中画「√」。

A（　　）　B（　　）

正解

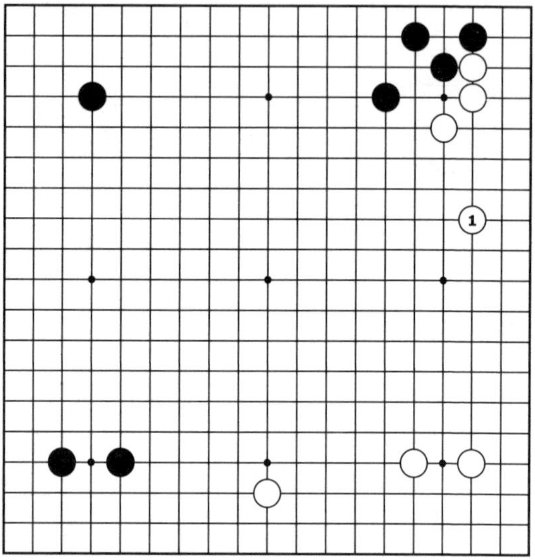

白 1 选择正确，间距合理。此处白棋有些薄弱，围地时需要谨慎一些。

错解

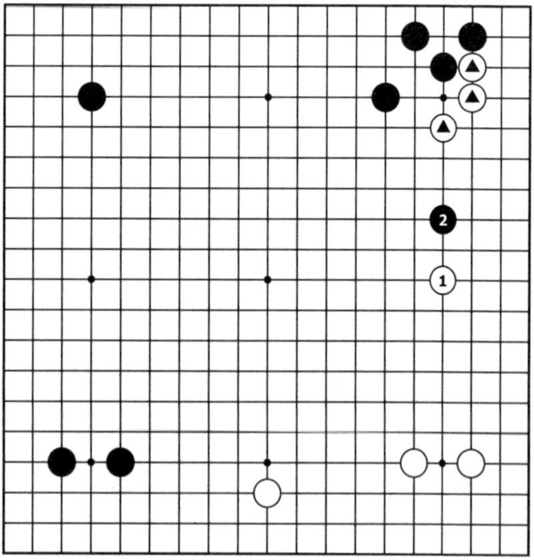

白 1 选择错误。黑 2 打入后，白棋右上 3 颗棋子危险，作战不利。

19 第 19 题（白先）

难度：★★

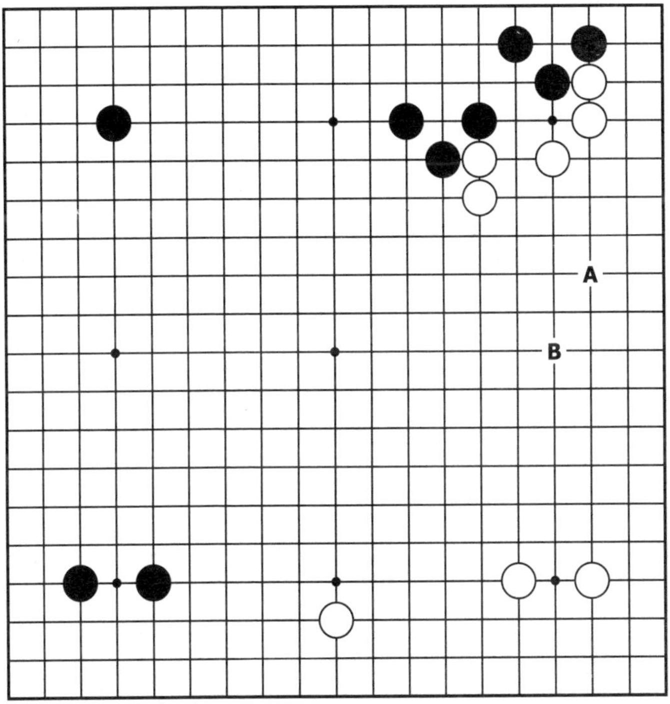

想一想，围在哪个位置比较合适呢？在正确选项后面的括号中画「√」。

A（　　）　B（　　）

正 解

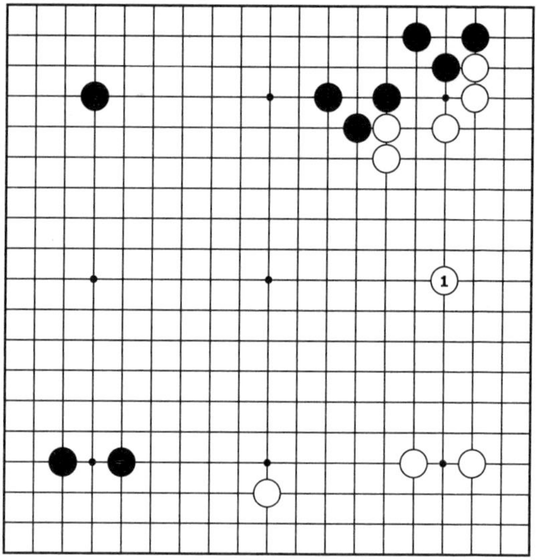

白 1 选择正确。右上已经是白棋势力范围，可以围得大一些。

错 解

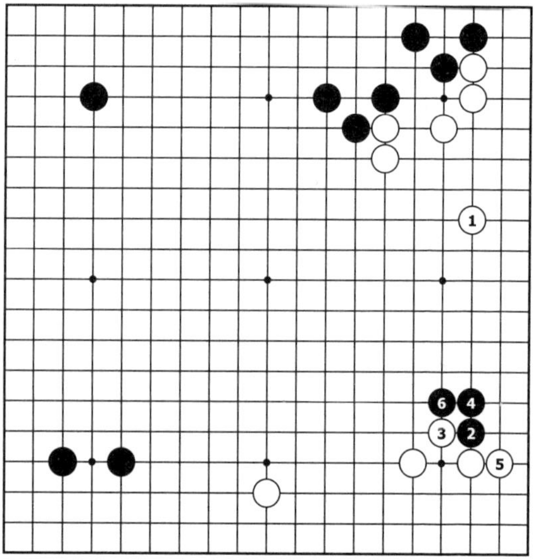

白 1 选择错误。间隔过窄，围得太小，没有发挥右上厚势的威力。

第 20 题（白先）

难度：★★

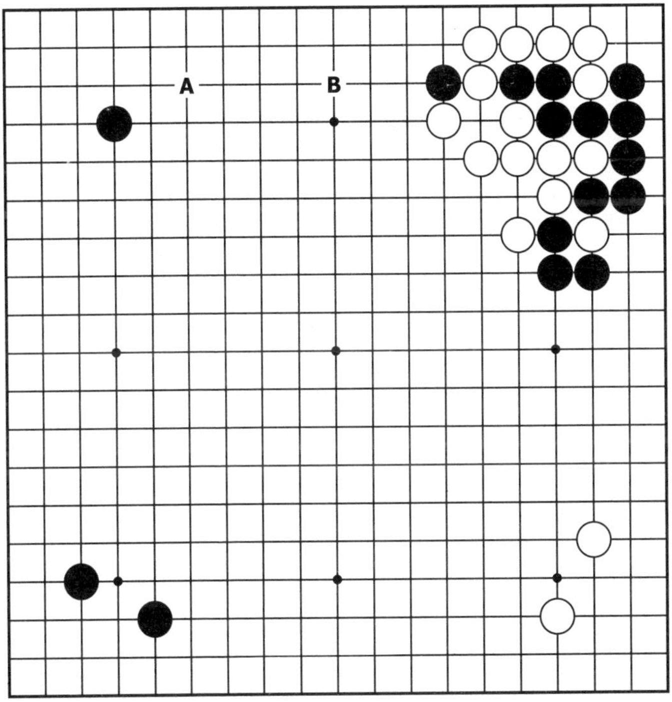

想一想，围在哪个位置比较合适呢？在正确选项后面的括号中画「√」。

A（　　）　B（　　）

正解

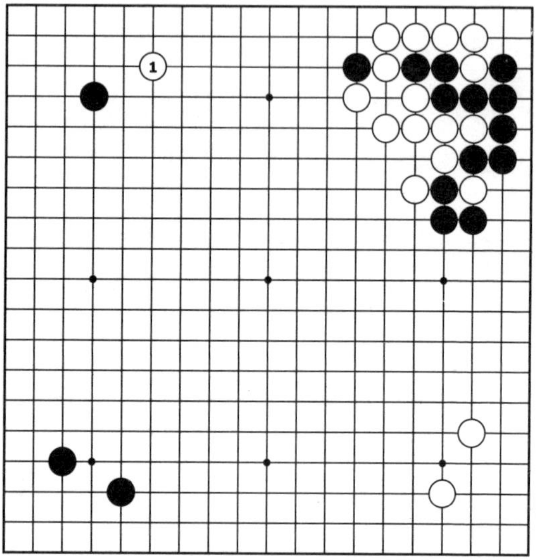

白 1 选择正确。右上白棋非常厚实，大踏步地围地是正确选择。

错解

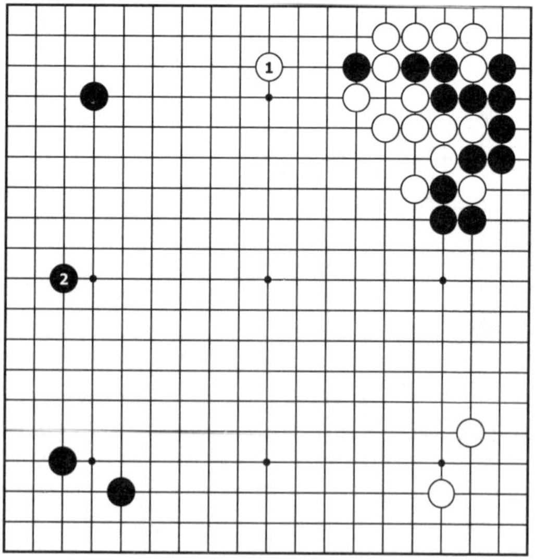

白 1 选择错误。间隔过窄，围得太小，没有发挥右上厚势的威力。

第 4 章

围地的技巧

本章继续介绍如何围地，侧重点是围地的技巧。从技术的角度讲，本章内容涉及计算，需要初学者有一定的基础运算能力。能否最大限度地围地，取决于局部的棋形。请认真思考，再做回答。

小贴士 围地的时候既不能一味图大，也不能一味退缩。通过计算，对棋形有合理的判断之后，找到合适的选点，是本章的目标。相对于之前的内容，本章题目都不简单，具体问题要逐一分析。加油吧！

1 第1题（白先）

难度：★★

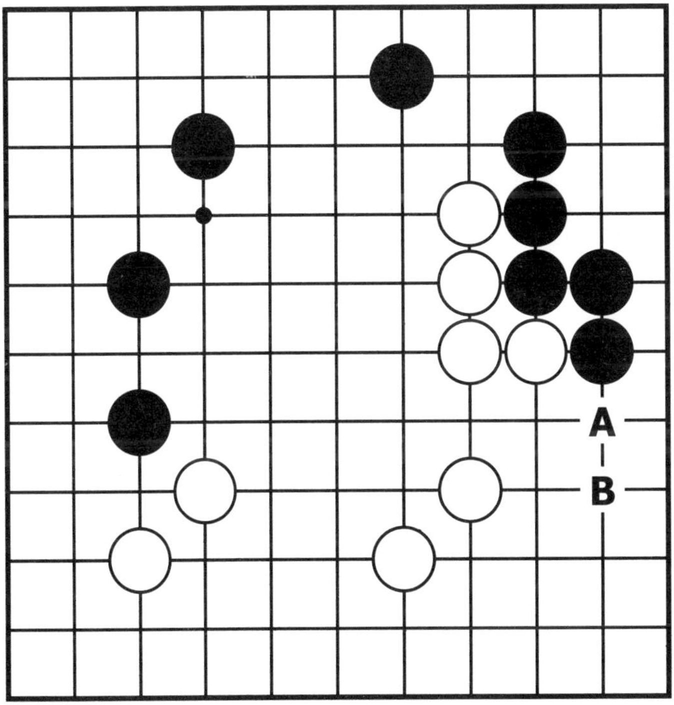

想一想，应该围在哪里呢？在正确选项后面的括号中画「√」。

A（　　）　　B（　　）

正解

白 1 选择正确。此处可以最大限度地挡住，围地效率高。

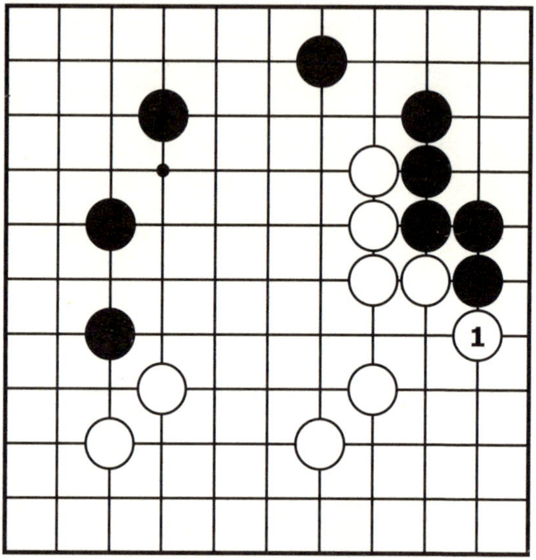

错解

白 1 选择错误。此处没有必要妥协，如此妥协实地亏损，白失败。

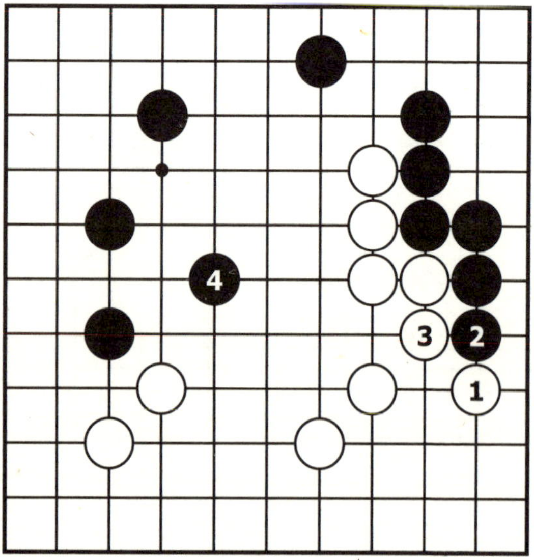

2 第 2 题（黑先）

难度：★★

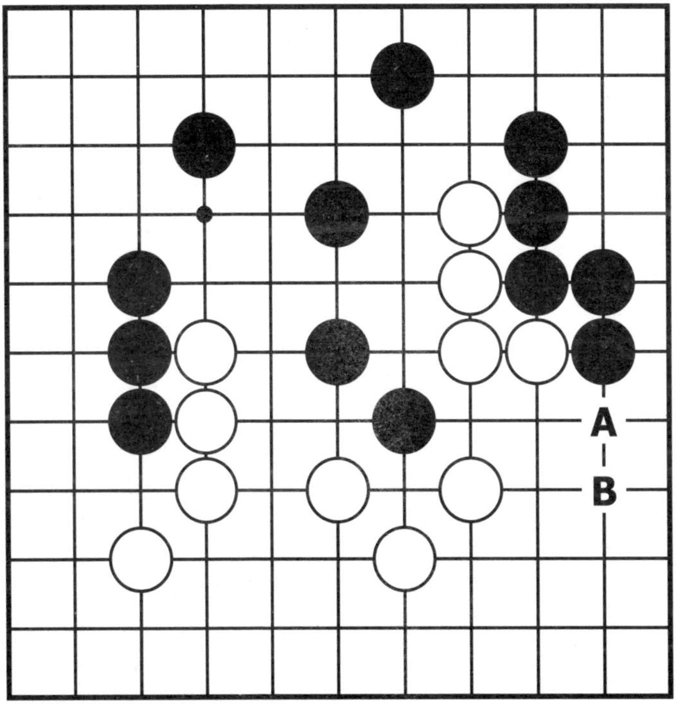

想一想，应该围在哪里呢？在正确选项后面的括号中画「√」。

A（　　）　B（　　）

正解

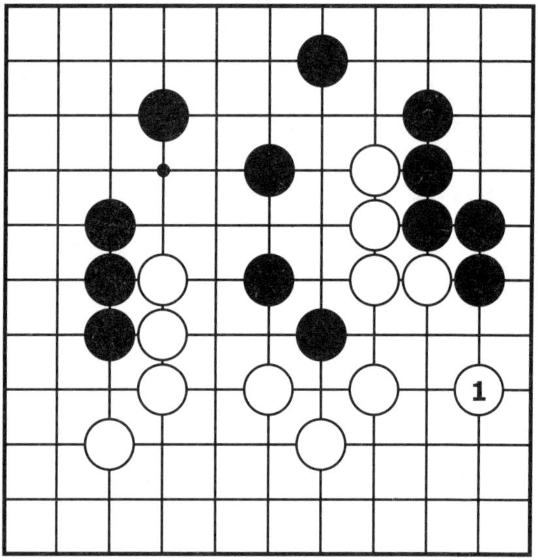

白 1 选择正确。以退为进，是围地的手筋。

错解

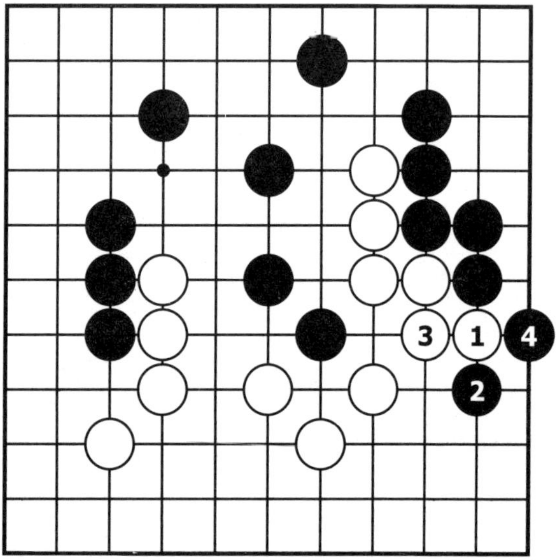

白 1 选择错误。此处不能用强，黑 2 夹是手筋，白棋围地失败。

3 第 3 题（白先）

难度：★★

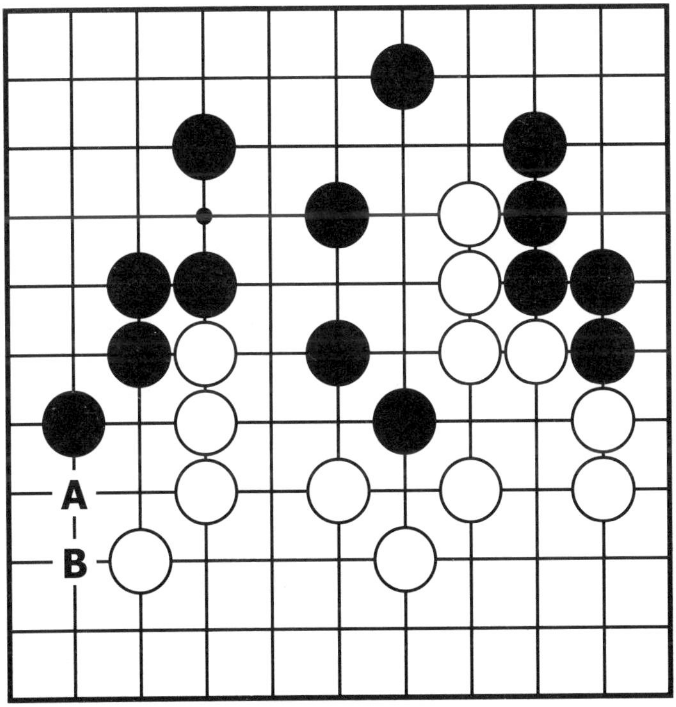

想一想，应该围在哪里呢？在正确选项后面的括号中画「√」。

A（　　）　B（　　）

正解

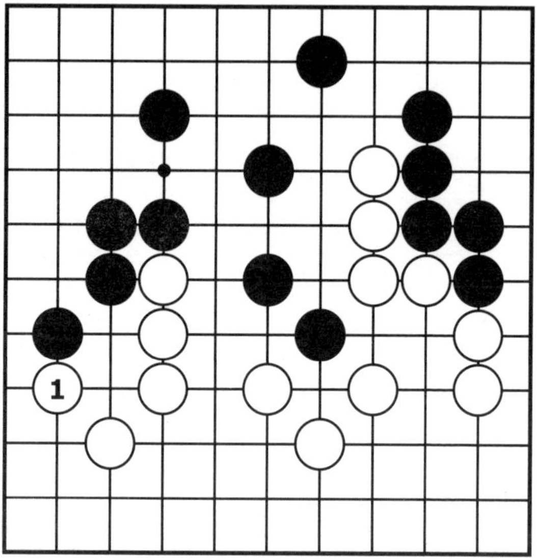

白 1 选择正确。此处可以最大限度地挡住，围地效率高。

错解

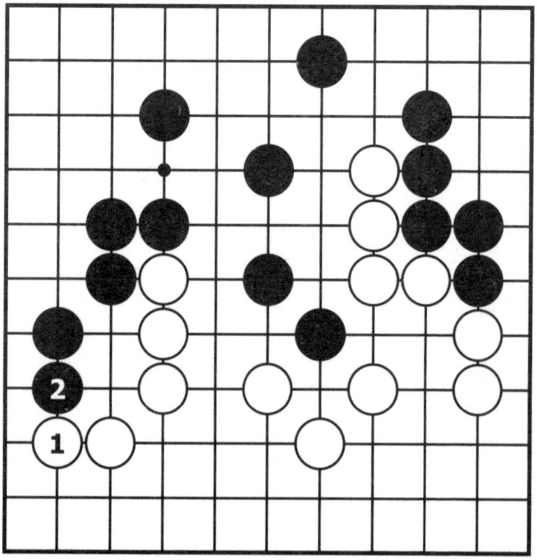

白 1 选择错误。此处没有必要妥协，黑 2 顶后白棋实地亏损，白失败。

4 第 4 题（白先）

难度：★★

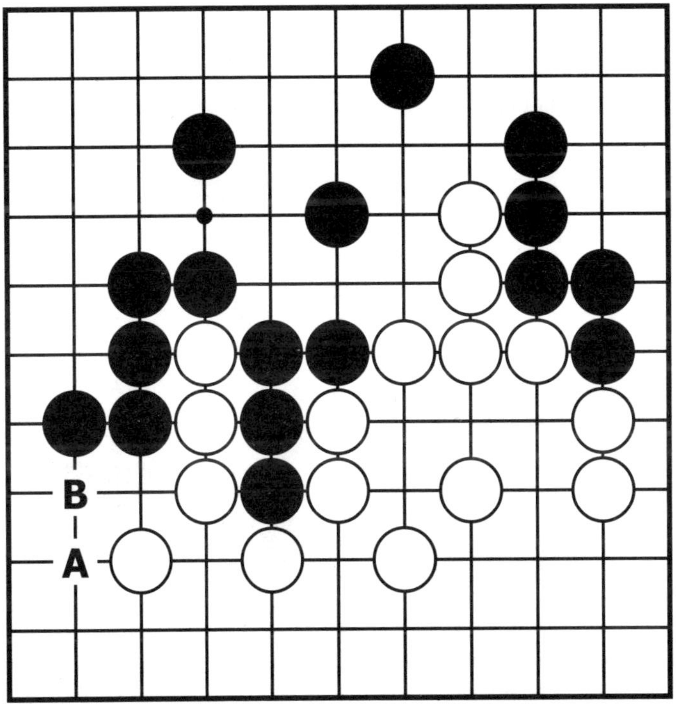

想一想，应该围在哪里呢？在正确选项后面的括号中画「√」。

A（　　）　　B（　　）

正解

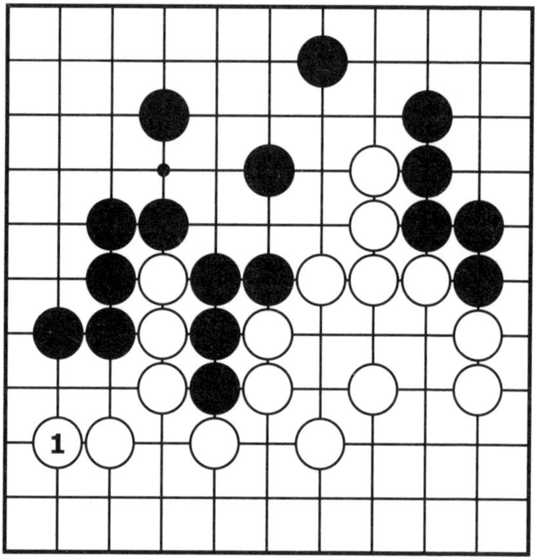

白 1 选择正确。此处不可以用强，于 1 位立是围地的手筋。

错解

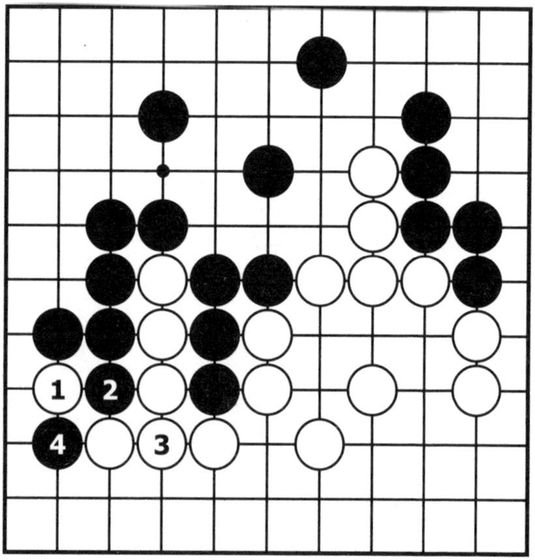

白 1 选择错误。黑 2 打吃之后于 4 位断打，白棋被吃，围地计划失败。

5 第 5 题（白先）

难度：★★★

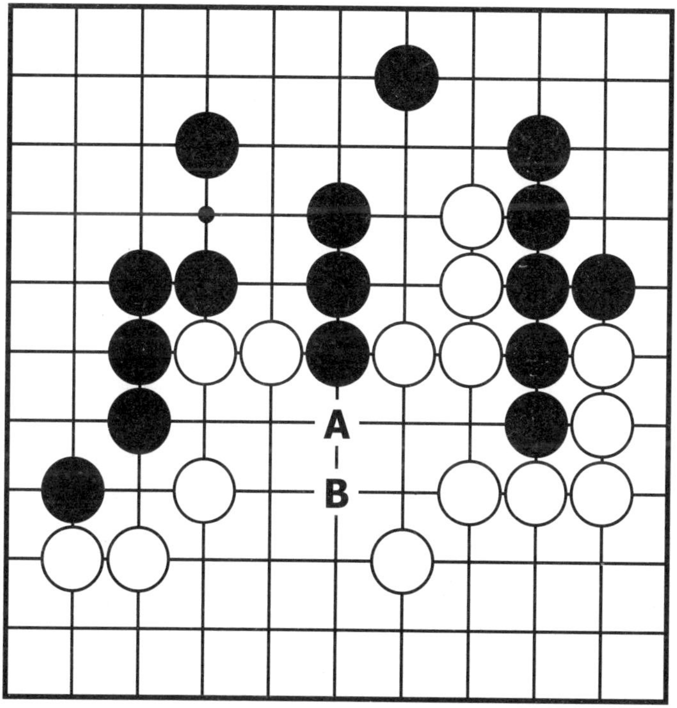

想一想，应该围在哪里呢？在正确选项后面的括号中画「√」。

A（　　）　B（　　）

正解

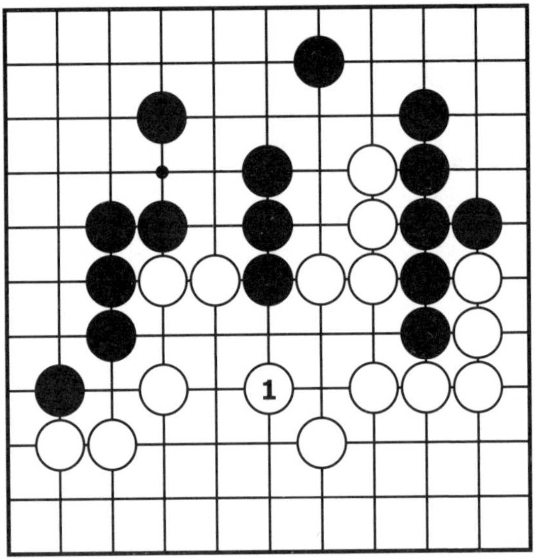

白 1 选择正确。此处不可以用强，于 1 位尖是围地的手筋。

错解

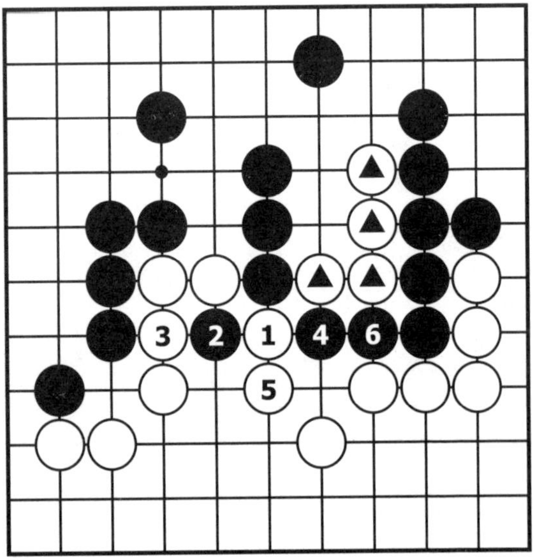

白 1 选择错误。此处棋形存在缺陷，不能强行围地。黑 2 断是手筋，如此白棋右上 4 子被断开，白失败。

第 6 题（白先）

难度：★★

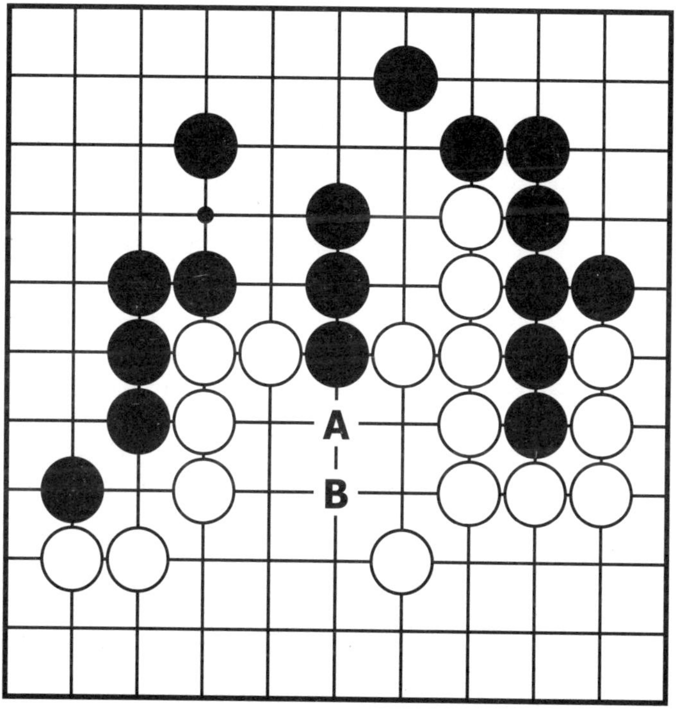

想一想，应该围在哪里呢？在正确选项后面的括号中画「√」。

A（　　）　B（　　）

正解

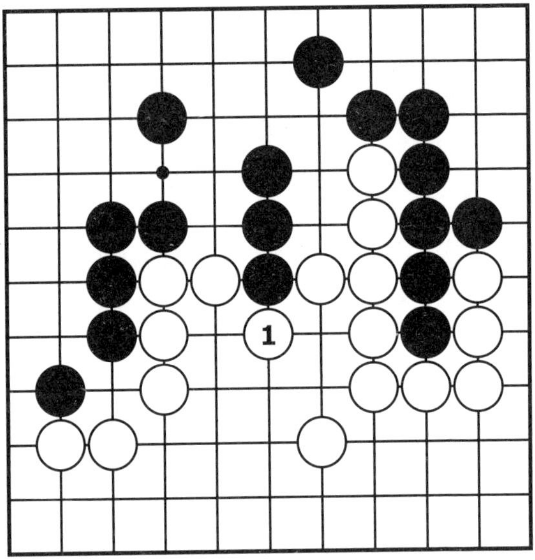

白 1 选择正确。此处可以最大限度地挡住，围地效率高。

错解

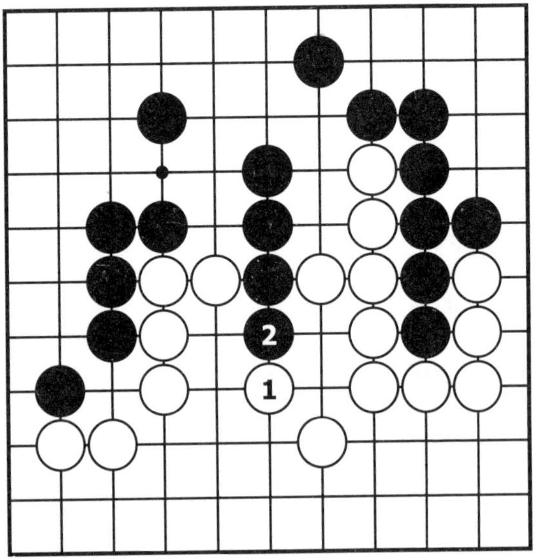

白 1 选择错误。此处没有必要妥协，如此妥协实地亏损，白失败。

7 第 7 题（白先）

难度：★★★

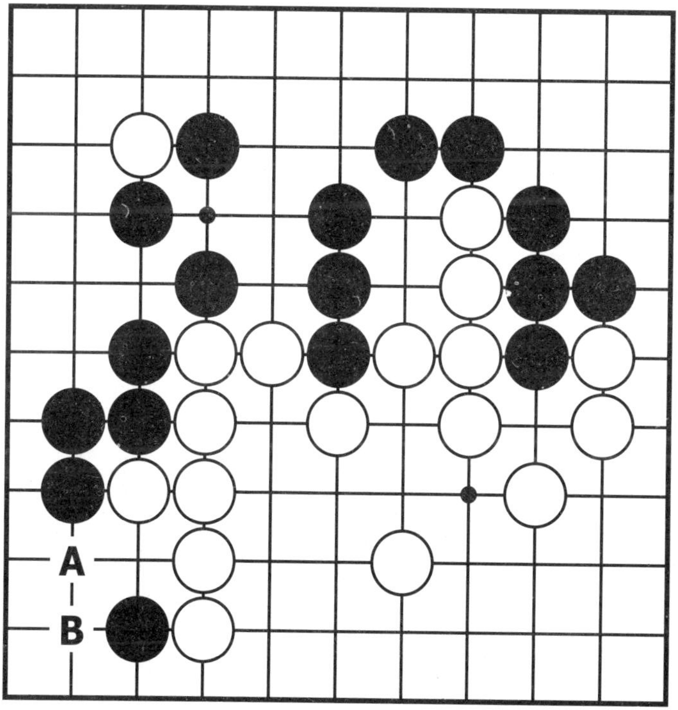

想一想，应该围在哪里呢？在正确选项后面的括号中画「√」。

A（　　）　B（　　）

正解

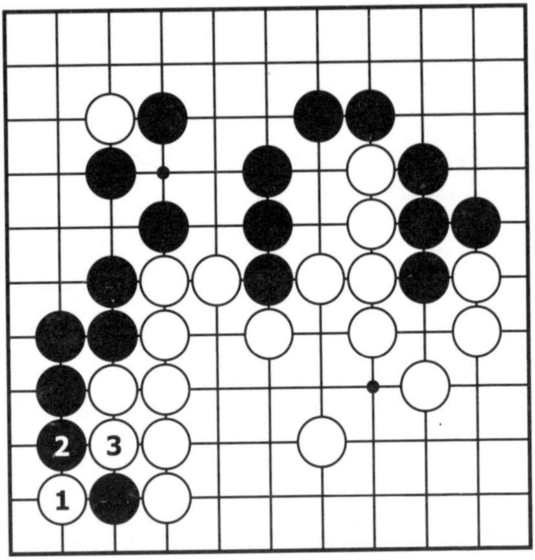

白 1 选择正确。于 1 位夹是围地的手筋，可以吃掉黑棋一子。

错解

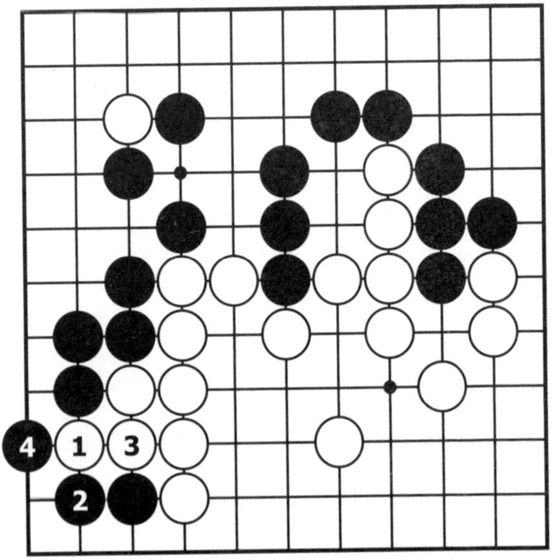

白 1 选择错误。黑 2 夹是手筋，白棋围地计划失败。

8 第 8 题（白先）

难度：★★★

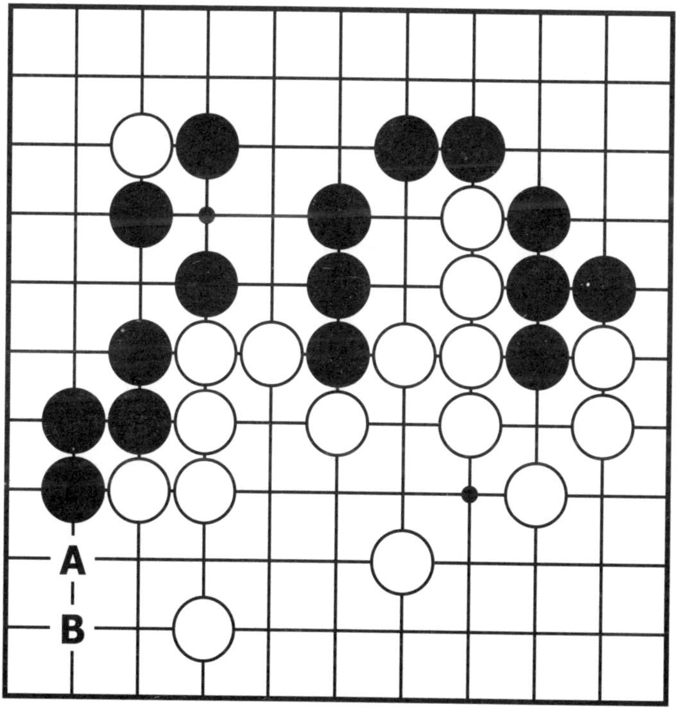

想一想，应该围在哪里呢？在正确选项后面的括号中画「√」。

A（　　）　B（　　）

正解

白 1 选择正确。此处可以最大限度地挡住，围地效率高。

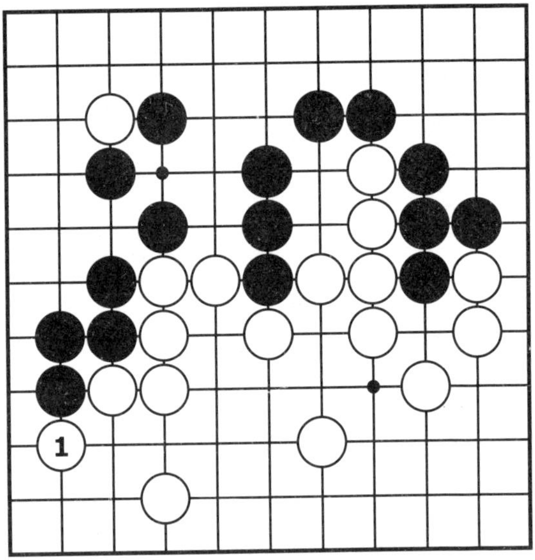

错解

白 1 选择错误。此处没有必要妥协，如此妥协实地亏损，白失败。

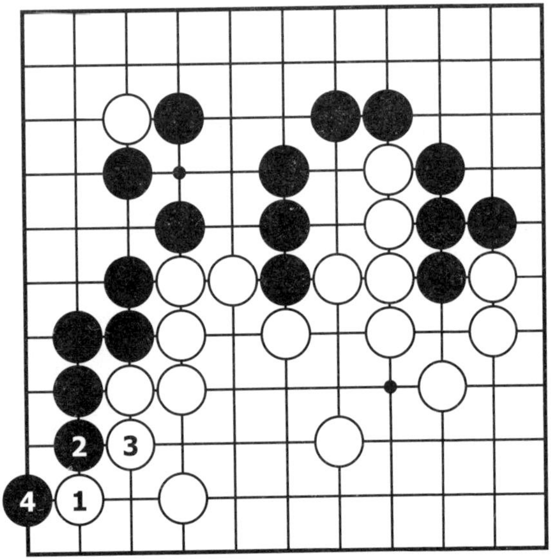

9 第 9 题（白先）

难度：★★

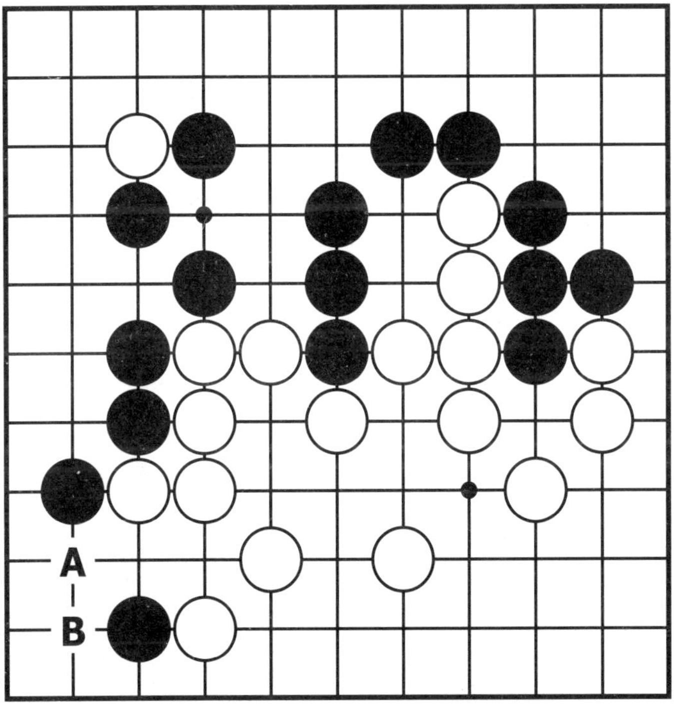

想一想，应该围在哪里呢？在正确选项后面的括号中画「√」。

A（　　）　B（　　）

正解

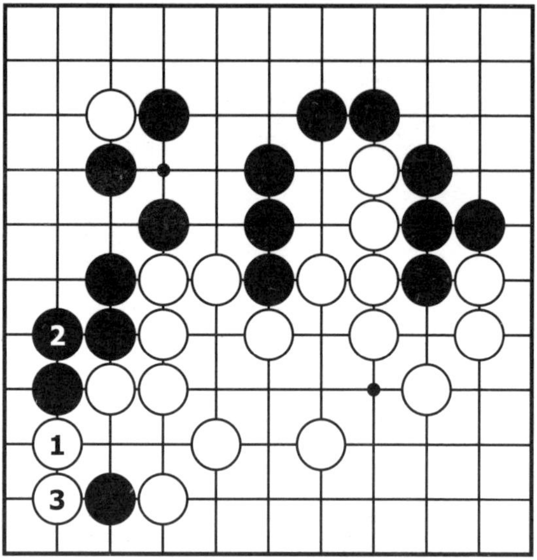

白 1 选择正确。此处挡住没有危险，可以最大限度围地。

错解

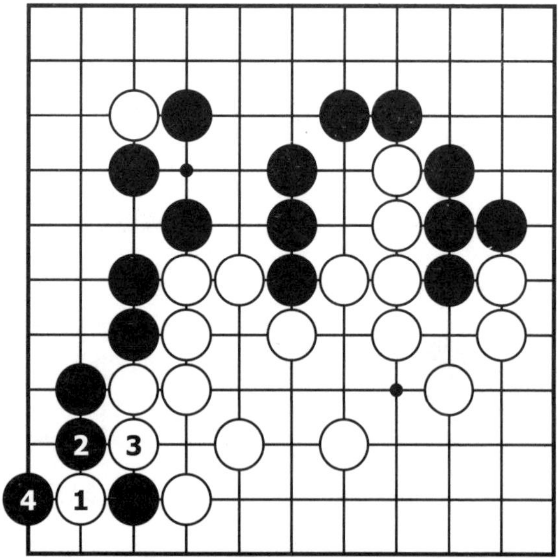

白 1 选择错误。此处没有必要妥协。黑 2 顶后白棋实地亏损，白失败。

10 第 10 题（黑先）

难度：★★

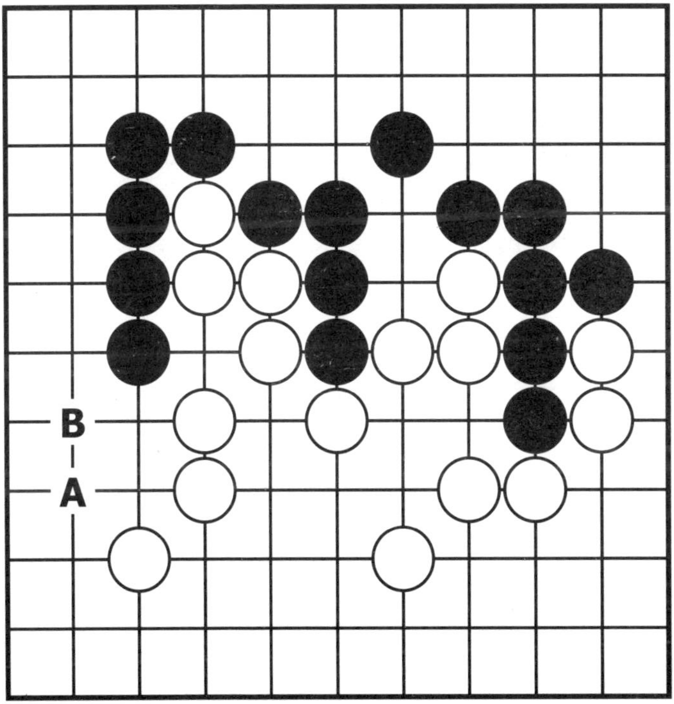

想一想，应该围在哪里呢？在正确选项后面的括号中画「√」。

A（　　）　B（　　）

正 解

黑 1 选择正确。此处可以最大限度地围地，不会出现危险。

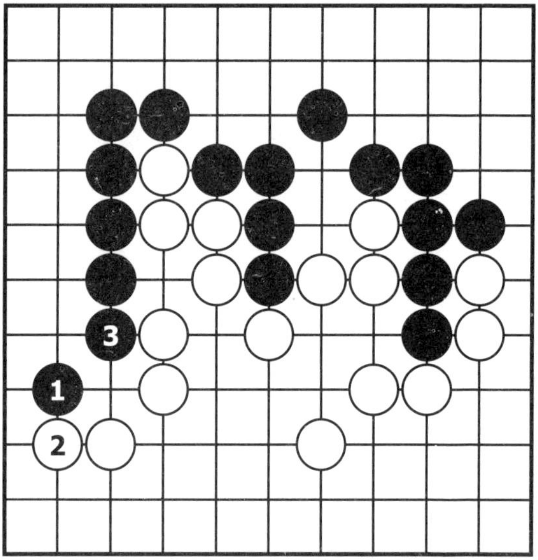

错 解

黑 1 选择错误。此处没有必要妥协，如此妥协实地亏损。

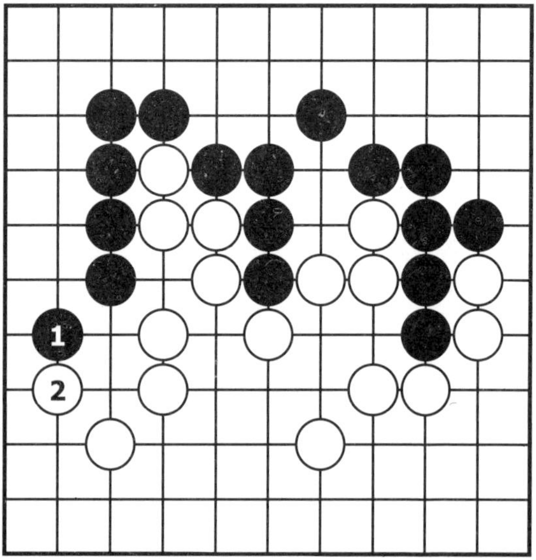

11 第 11 题（黑先）

难度：★★★

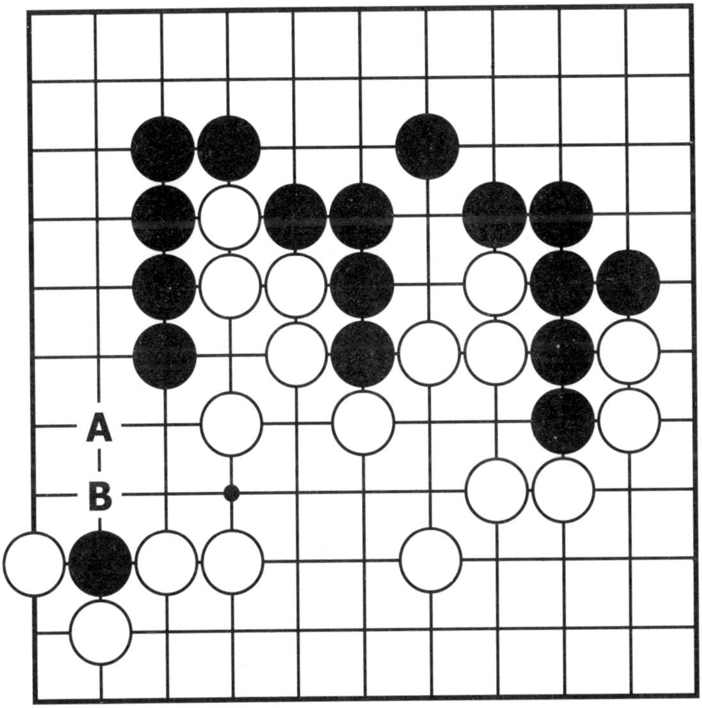

想一想，应该围在哪里呢？在正确选项后面的括号中画「√」。

A（　　）　B（　　）

正解

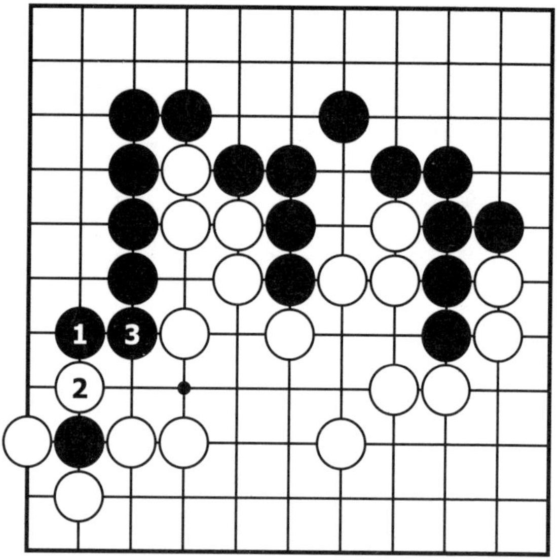

黑 1 选择正确。此处不可以用强，于 1 位尖是围地的手筋。

错解

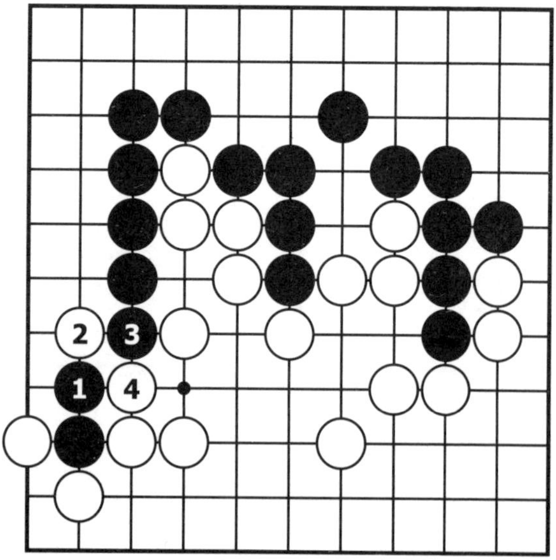

黑1选择错误。白2夹是手筋，如此黑棋 2 子被吃。

12 第 12 题（黑先）

难度：★★★

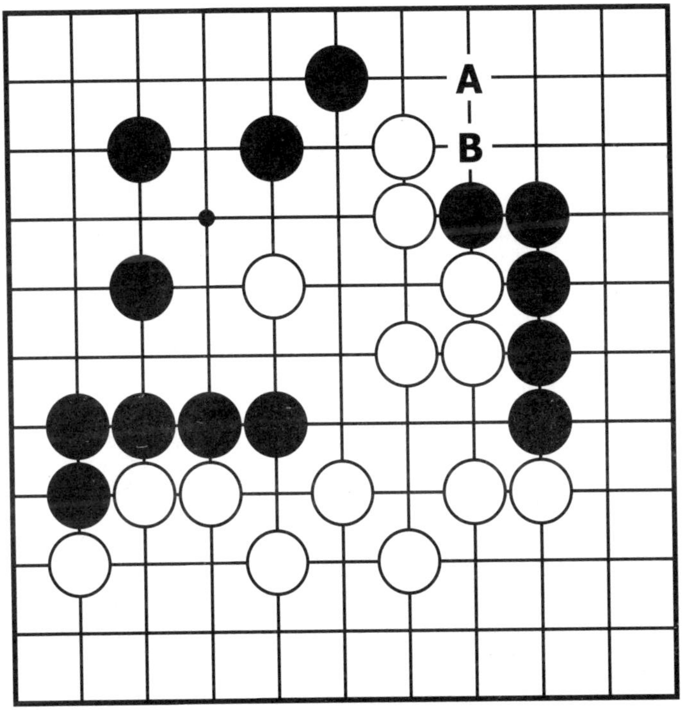

想一想，应该围在哪里呢？在正确选项后面的括号中画「√」。

A（　　）　B（　　）

正解

黑 1 选择正确。此时跳过是局部的手筋，围地效率高。

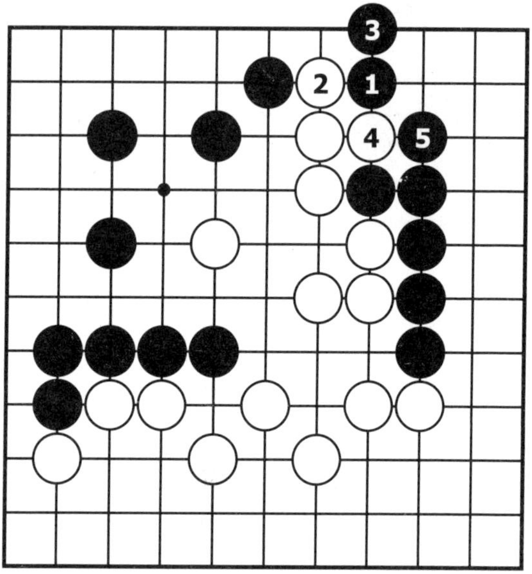

错解

黑 1 选择错误。白 2 冲后于 4 位扳是手筋，黑棋实地亏损。

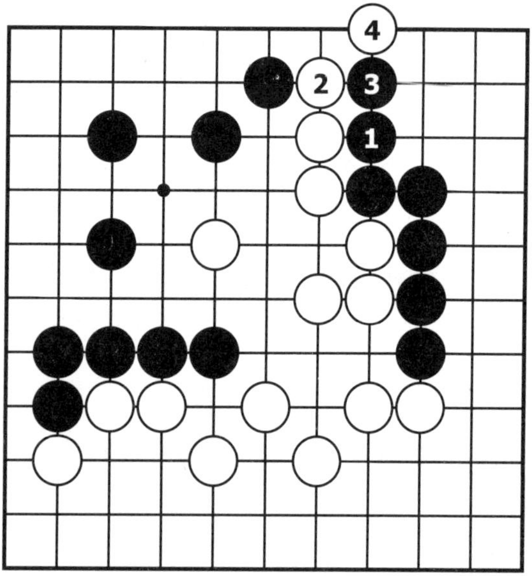

13 第 13 题（黑先）

难度：★★

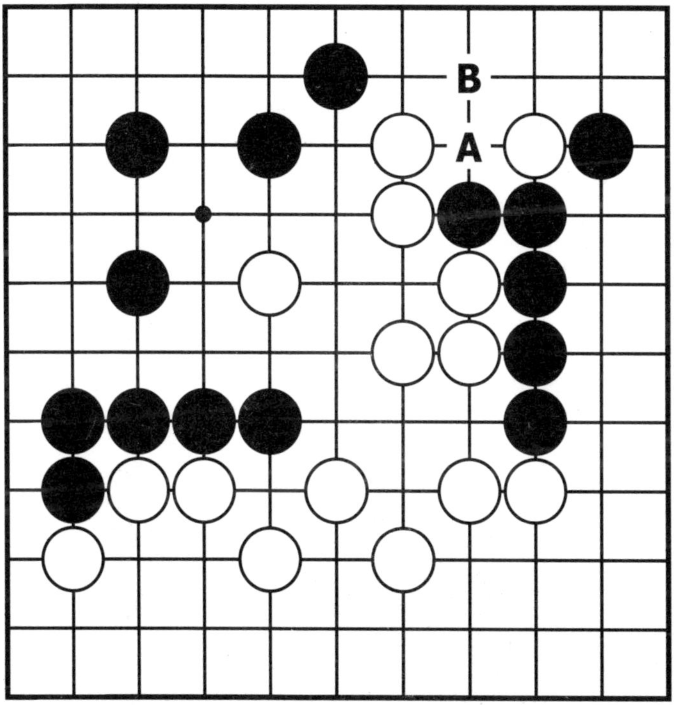

想一想，应该围在哪里呢？在正确选项后面的括号中画「√」。

A（　　）　B（　　）

正 解

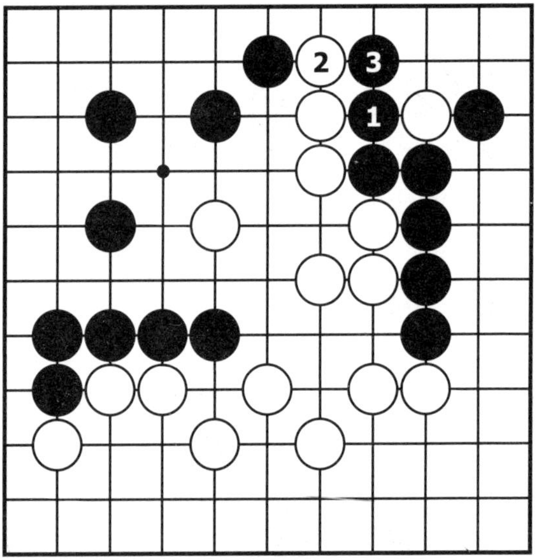

黑 1 选择正确。吃掉白棋一子是此时最好的围地方法。

错 解

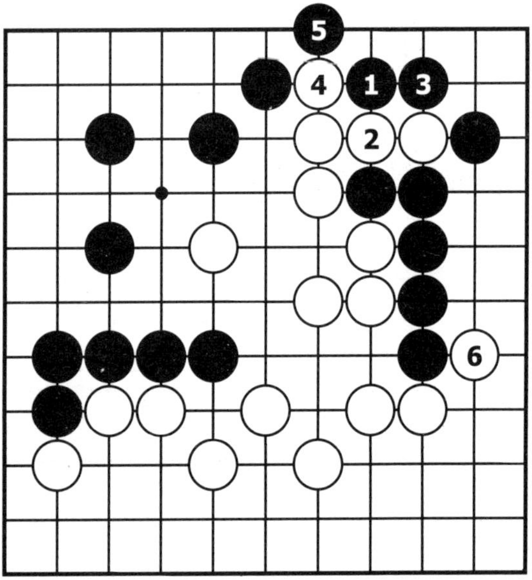

黑 1 选择错误。此处联络没有意义，留下很多断点，实地亏损。

14 第 14 题（黑先）

难度：★★★

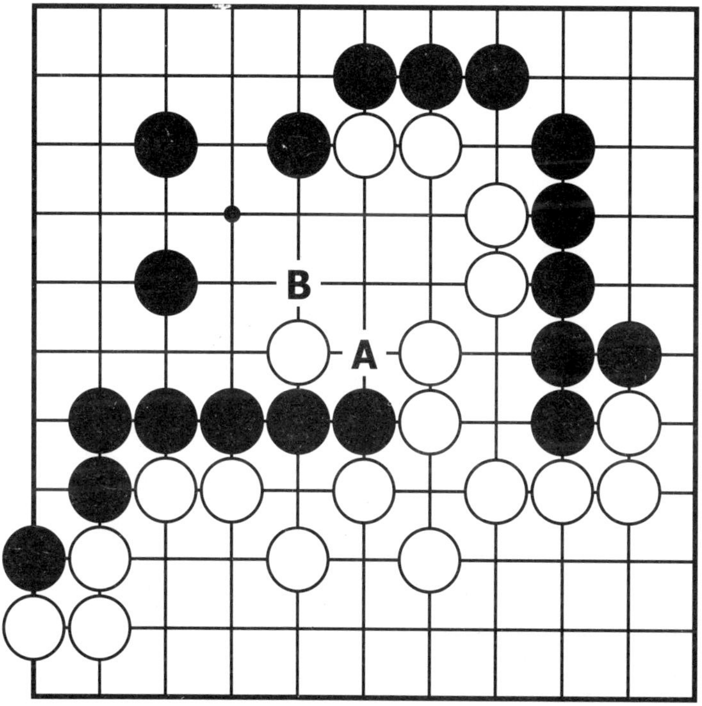

想一想，应该围在哪里呢？在正确选项后面的括号中画「√」。

A（　　）　B（　　）

正解

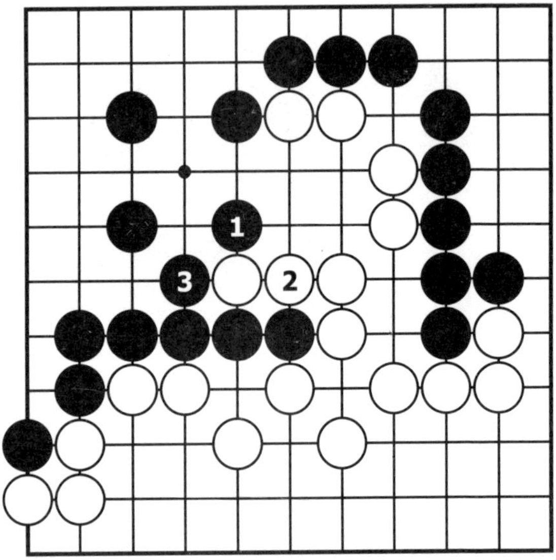

黑 1 选择正确。此处不可以用强，于 1 位夹是围地的手筋。

错解

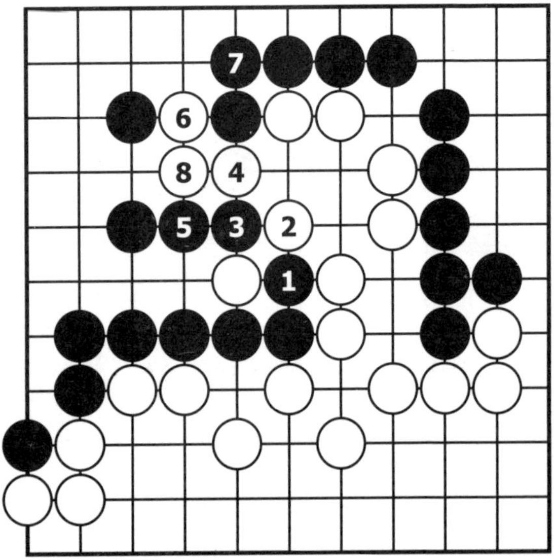

黑 1 选择错误。此处强行吃白一子得不偿失。

15 第 15 题（黑先）

难度：★★

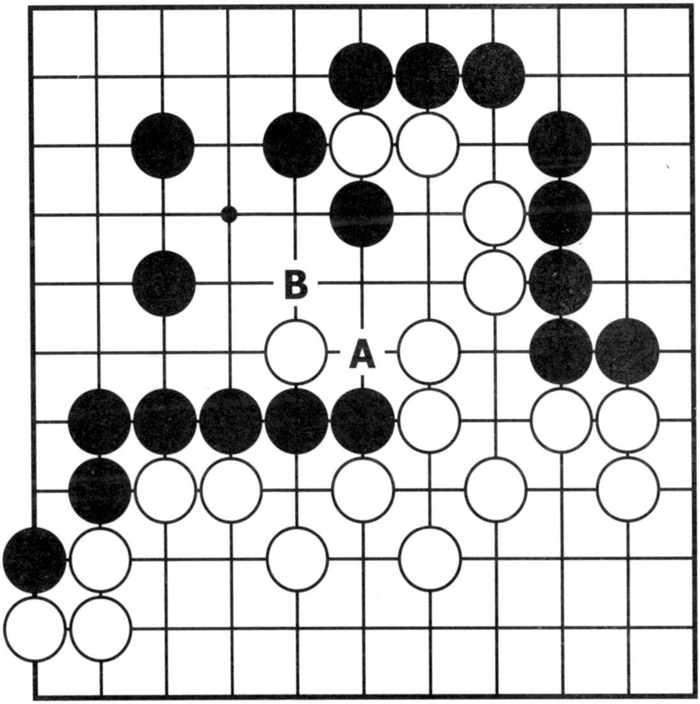

想一想，应该围在哪里呢？在正确选项后面的括号中画「√」。

A（　　）　B（　　）

正解

黑 1 选择正确。直接冲断吃掉白棋一子，围地效率高。

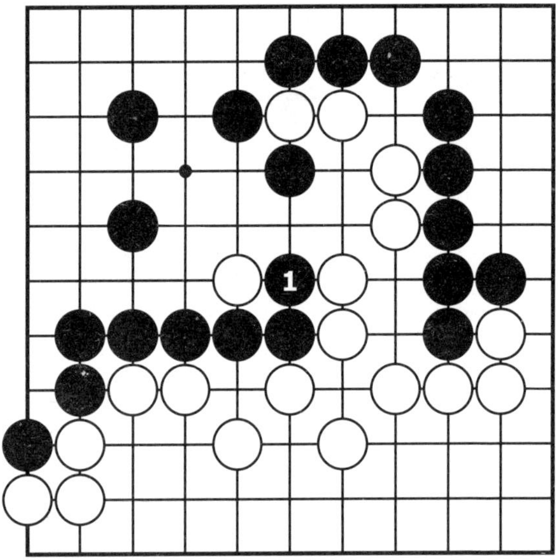

错解

黑 1 选择错误。此处没有必要妥协，如此妥协实地亏损。

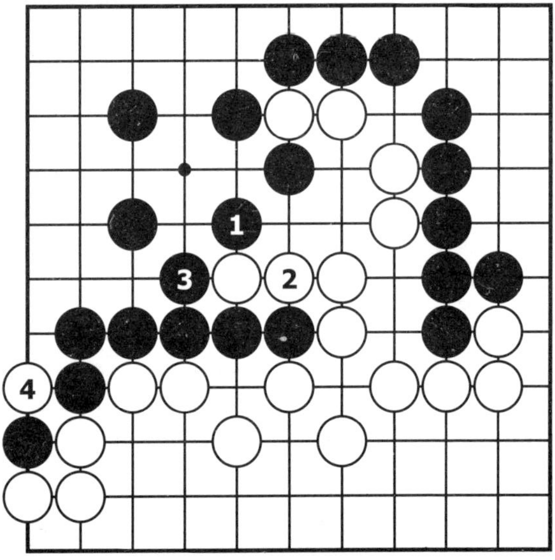

第 5 章

破坏对方地盘

在学习了如何围地之后，我们来讨论如何破坏对方的地盘。此处讲的破坏，是指在对方还没有完全封锁的时候进入，而不是试图在对方地盘“做活”。

小贴士

破坏对方地盘的时候，同样需要根据棋形判断进入的尺度。计算一下自己是否有危险，如果没有，那就大踏步前进吧！不过也有特殊情况，“小刀割肉”有时反而是正确的选择。

第 1 题（白先）

难度：★★

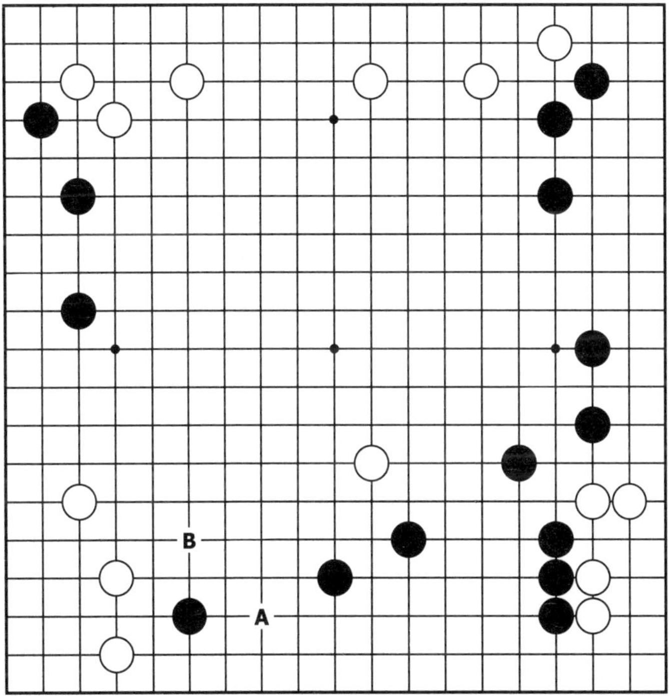

想一想，该如何限制对手围地呢？在正确选项后面的括号中画「√」。

A（　　）　　B（　　）

正解

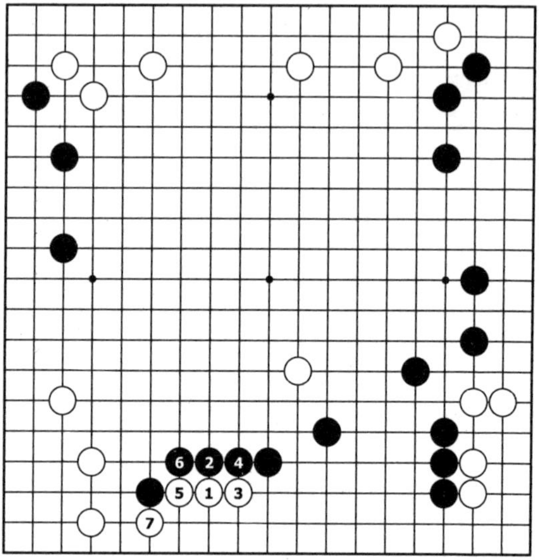

白 1 选择正确。此时黑方阵势薄弱，白 1 打入时机绝好。

错解

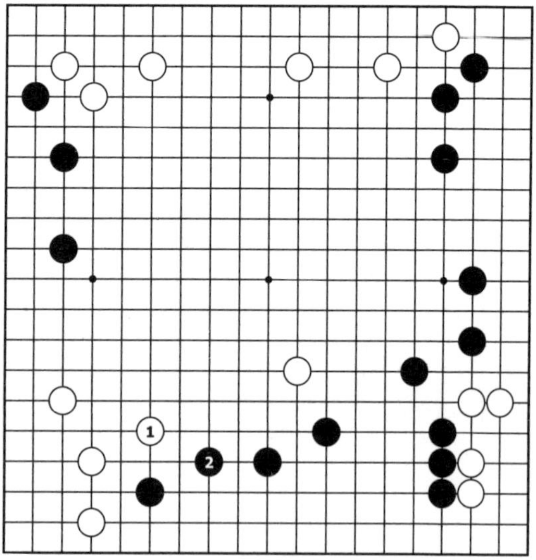

白 1 判断失误。此处不需要过分谨慎，黑 2 围住很舒服，白失败。

2 第2题（白先）

难度：★★

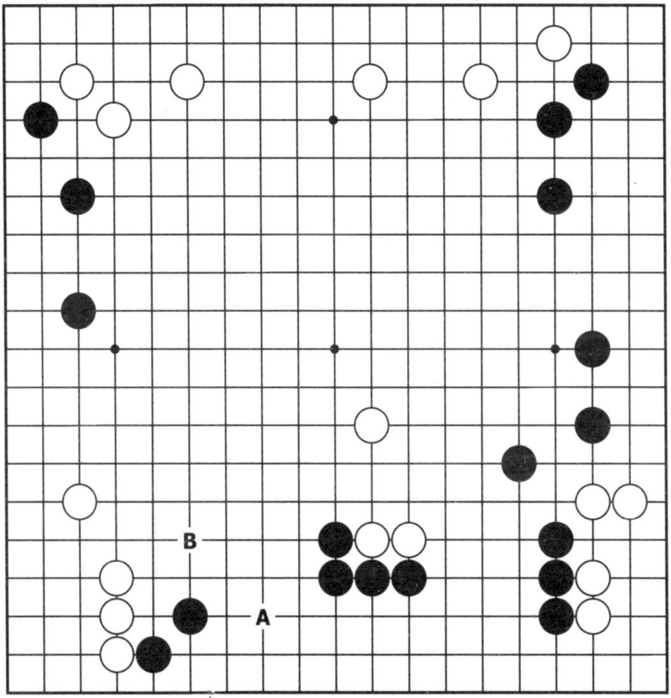

想一想，该如何限制对手围地呢？在正确选项后面的括号中画「√」。

A（　　）　B（　　）

正解

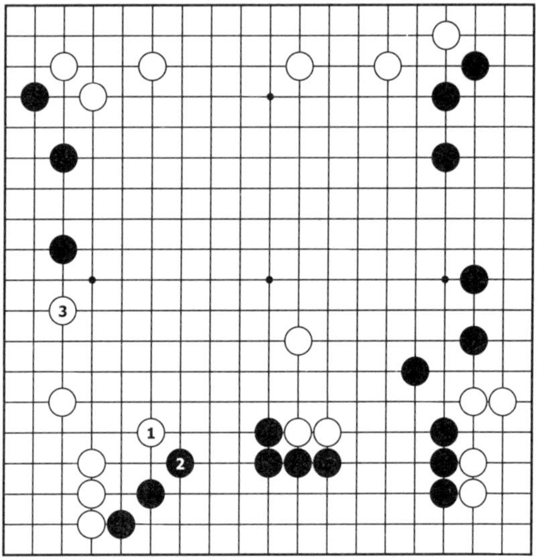

白 1 选择正确。此时黑方阵势很坚固，白棋适当地侵消即可。

错解

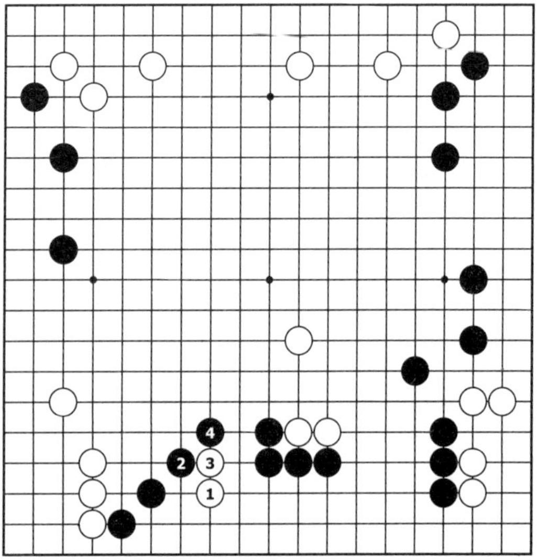

白 1 判断失误。此处打入过分。黑 2 以下可以全歼白棋。

3 第 3 题（白先）

难度：★★

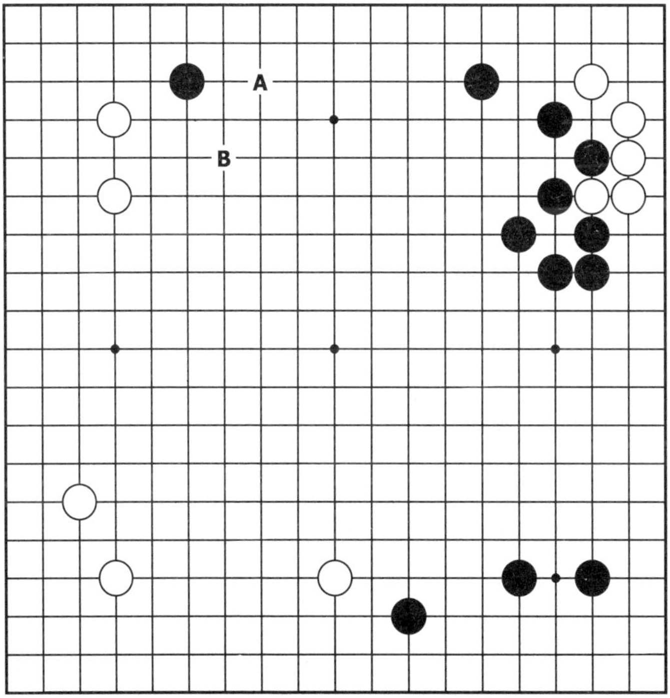

想一想，该如何限制对手围地呢？在正确选项后面的括号中画「√」。

A（　　）　　B（　　）

正解

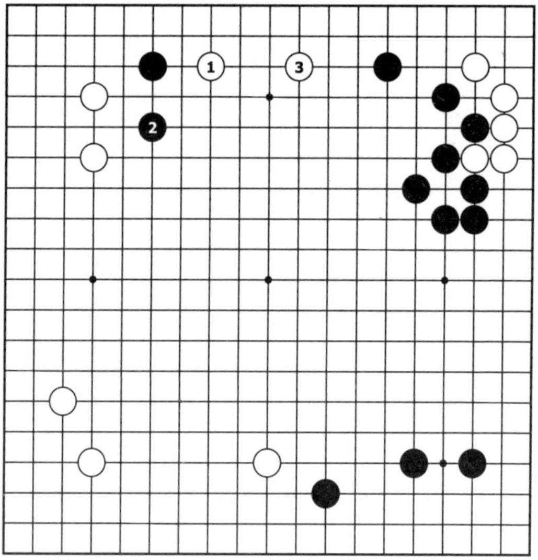

白 1 选择正确。此时黑方阵势空虚，白 1 打入时机绝好。

错解

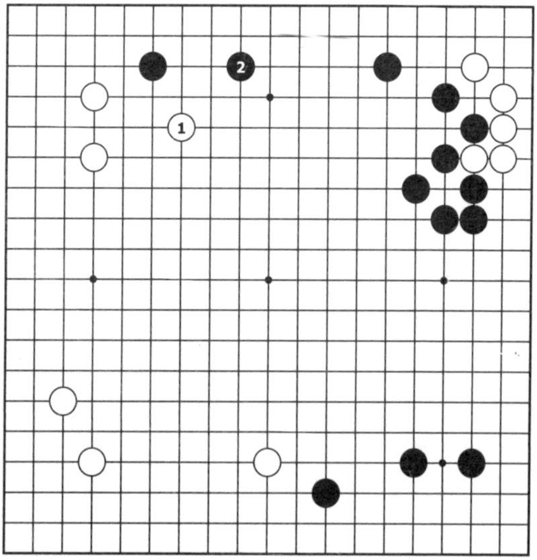

白 1 判断失误，过于保守，没有必要。

4 第 4 题（白先）

难度：★★

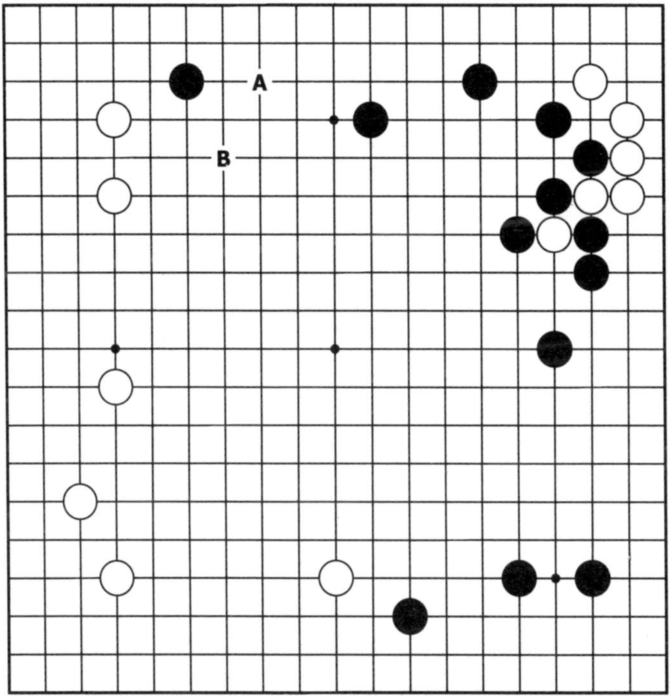

想一想，该如何限制对手围地呢？在正确选项后面的括号中画「√」。

A（ ） B（ ）

正解

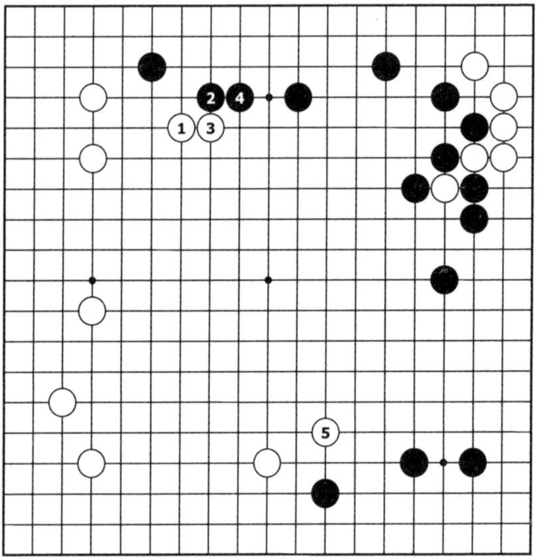

白 1 选择正确。此时黑方已经很坚固，白 1 侵消的同时扩张自己，一举两得。

错解

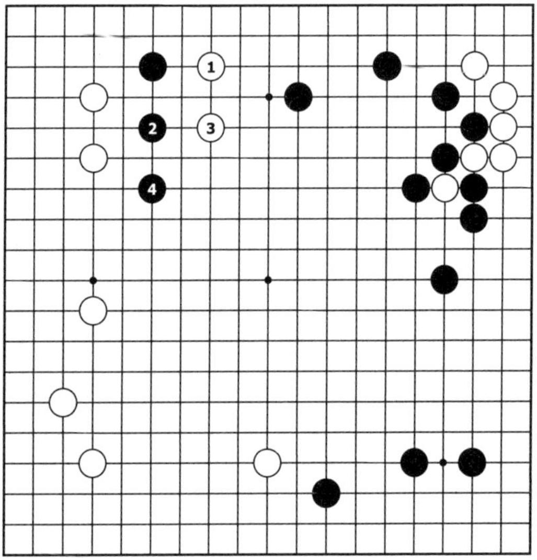

白 1 判断失误。此处打入作战不利，得不偿失。

5 第 5 题（白先）

难度：★★

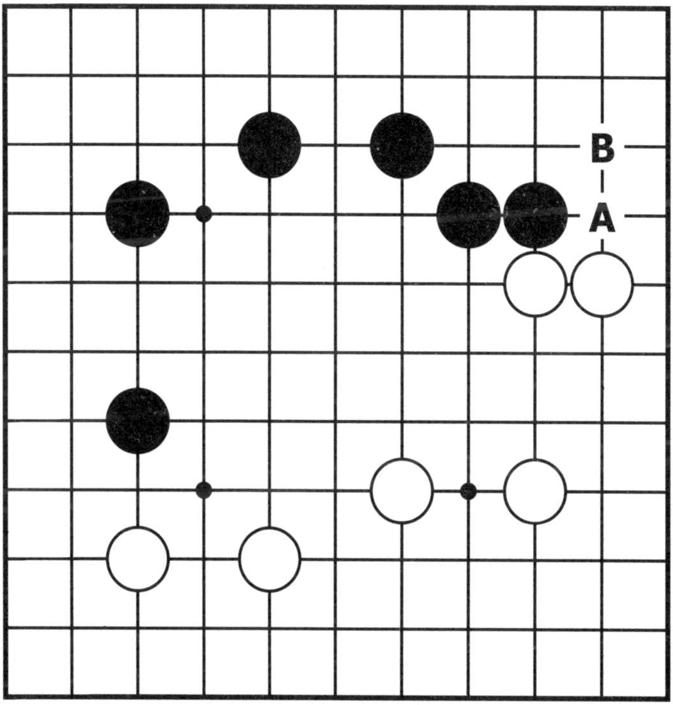

想一想，该如何限制对手围地呢？在正确选项后面的括号中画「√」。

A（　　）　B（　　）

正解

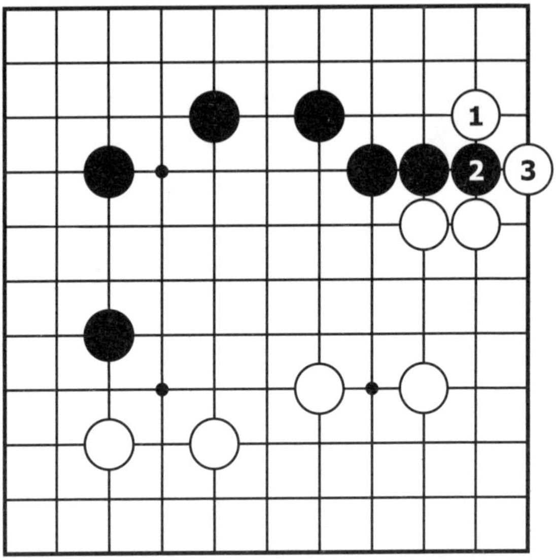

白 1 选择正确。大踏步进入黑棋角部，没有危险。

错解

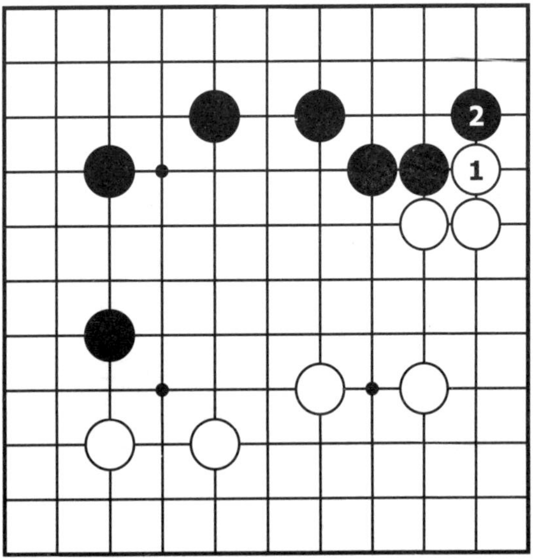

白 1 判断失误。此处并无风险，白1过于谨慎了。

第 6 题（白先）

难度：★★

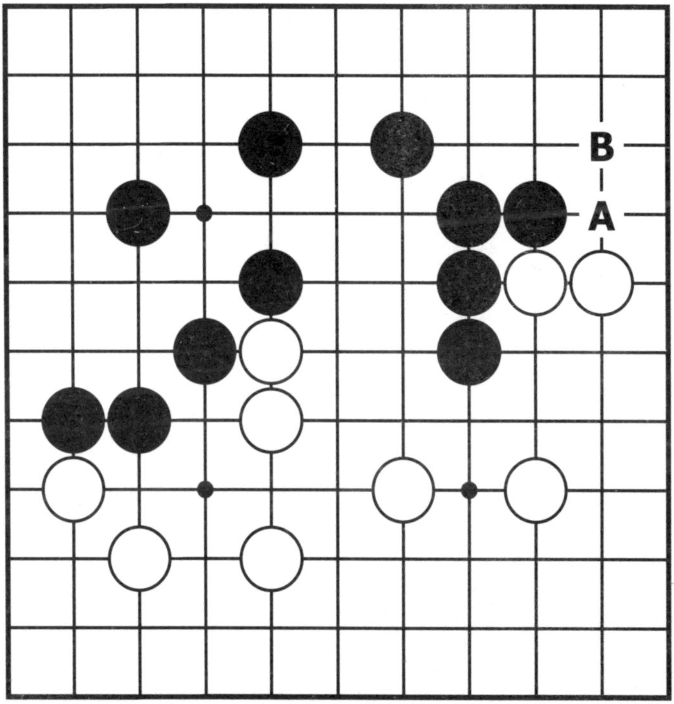

想一想，该如何限制对手围地呢？在正确选项后面的括号中画「√」。

A（　　）　B（　　）

正解

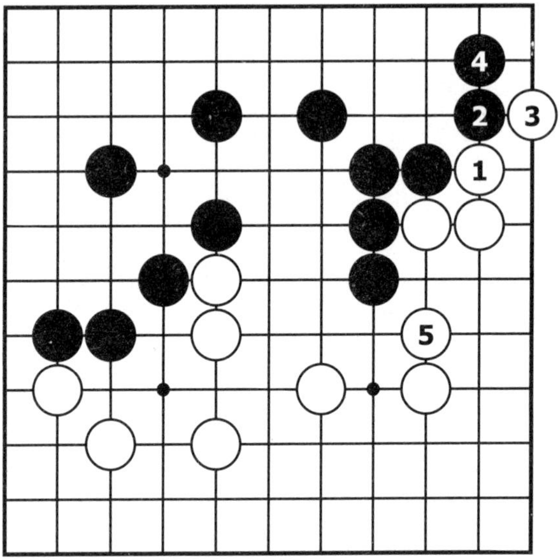

白 1 选择正确。白棋自身联络并不完整，“匍匐前进”是正确的选择。

错解

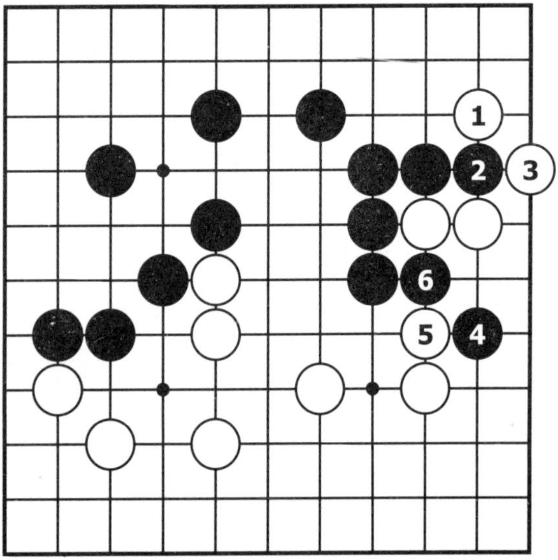

白 1 判断失误。黑 2 冲后于 4 位飞是手筋，白棋将被全歼。

7 第 7 题（白先）

难度：★★

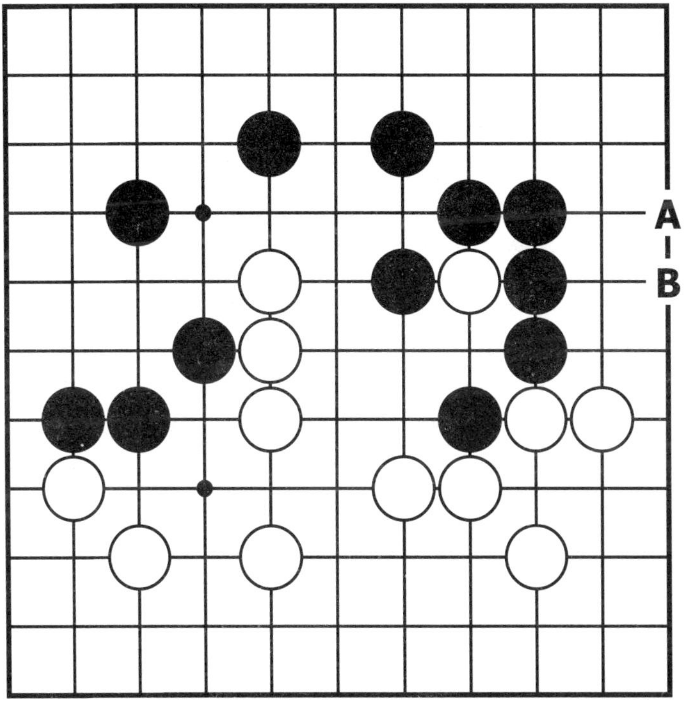

想一想，该如何限制对手围地呢？在正确选项后面的括号中画「√」。

A（　　）　B（　　）

正解

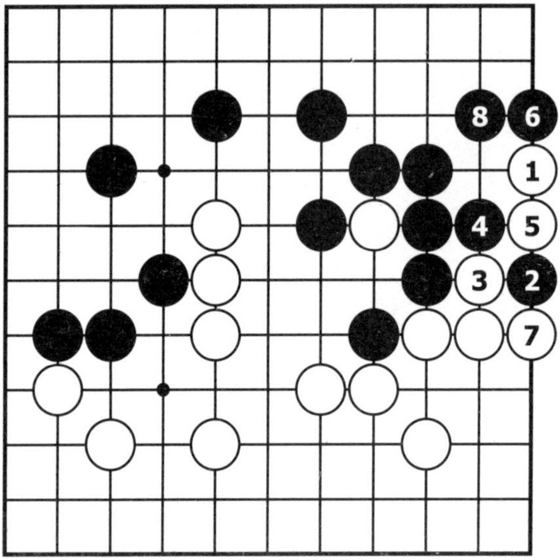

白 1 选择正确。白棋自身不存在危险，可以最大限度进入黑方地盘。

错解

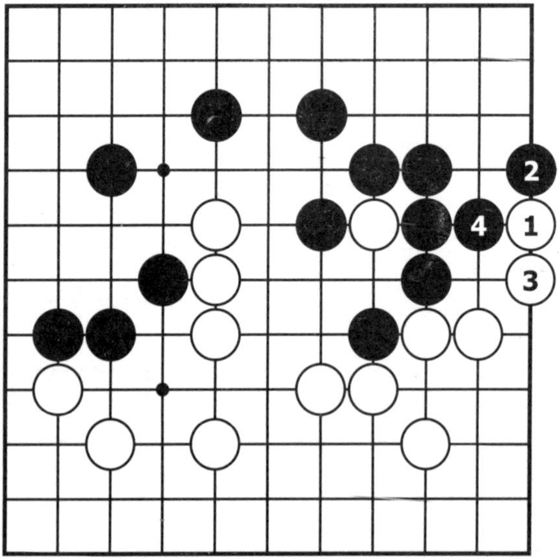

白 1 判断失误。此处并无风险，白 1 过于谨慎了。

8 第 8 题（白先）

难度：★★★

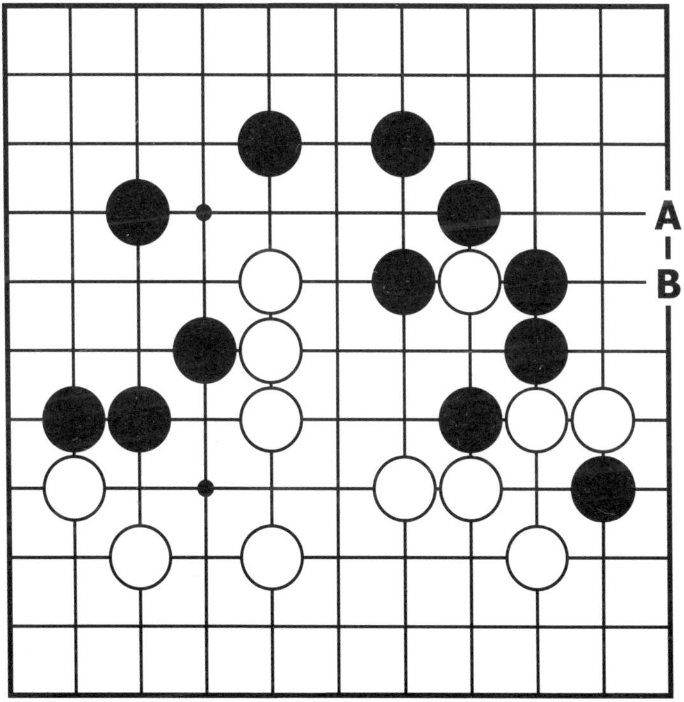

想一想，该如何限制对手围地呢？在正确选项后面的括号中画「√」。

A（　　）　　B（　　）

正解

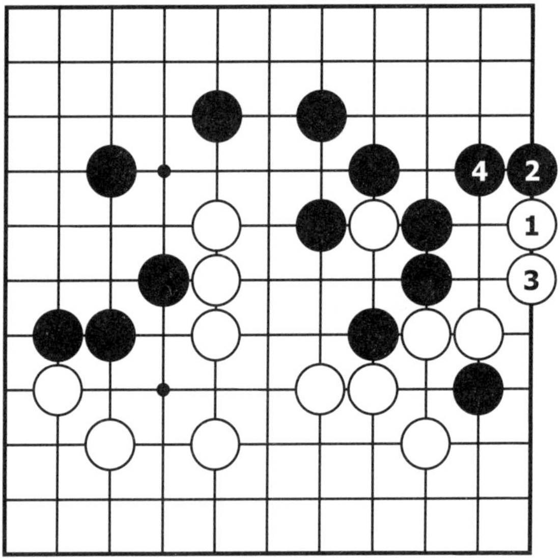

白 1 选择正确。白棋自身联络并不完整，谨慎为妙。

错解

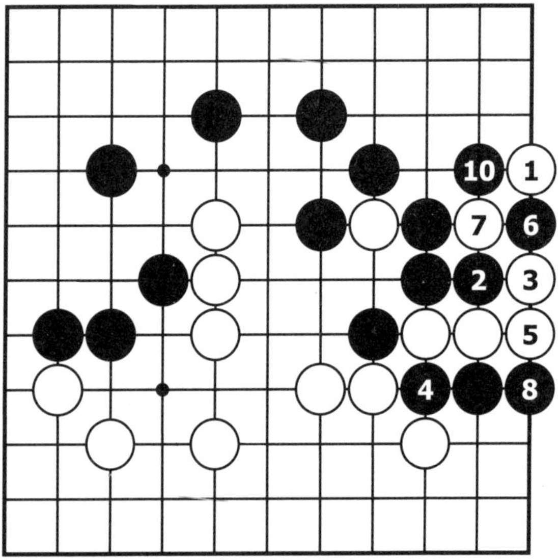

⑨ = ❻

白 1 判断失误。黑 2 以下计算精确，于 6 位扑是手筋，白棋被全歼。

9 第 9 题（白先）

难度：★★

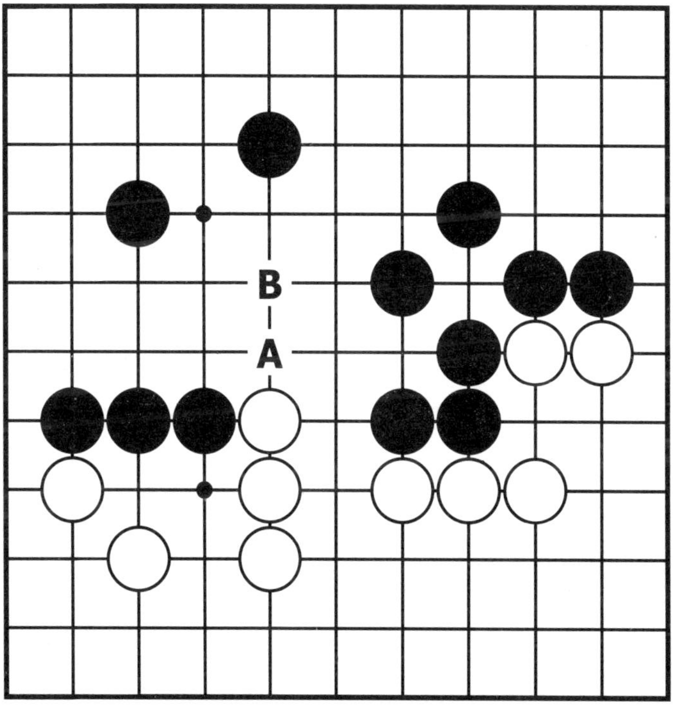

想一想，该如何限制对手围地呢？在正确选项后面的括号中画「√」。

A（　　）　B（　　）

正解

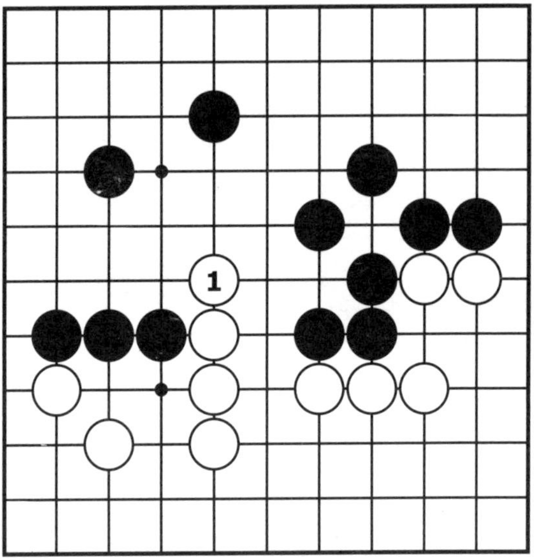

白 1 选择正确。匍匐前进，谨慎为妙。

错解

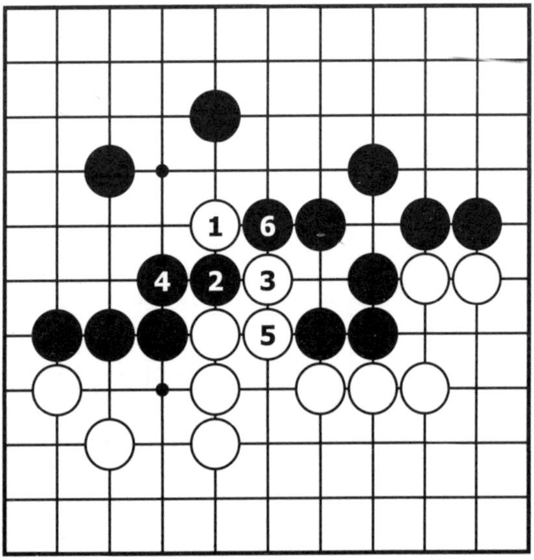

白 1 判断失误。黑 2 挖是手筋，白棋 1 位一子将被吃。

10 第 10 题(白先)

难度：★★

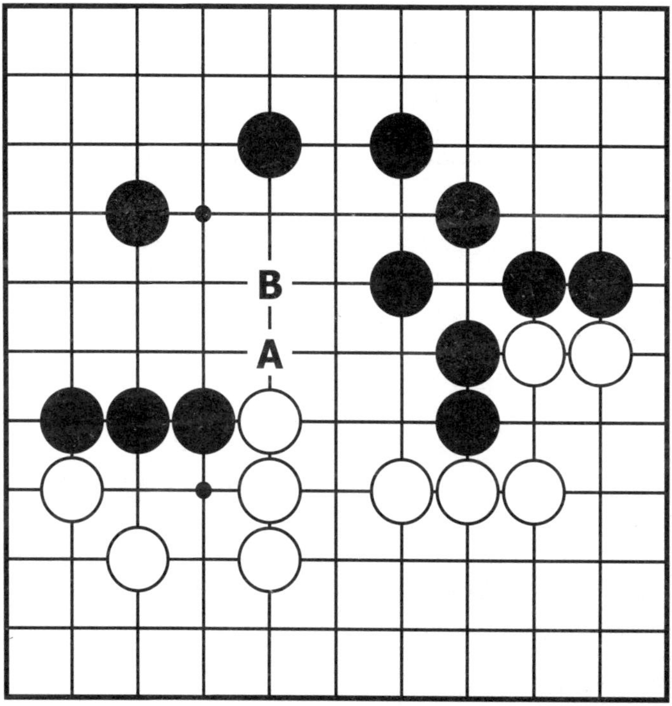

想一想，该如何限制对手围地呢？在正确选项后面的括号中画「√」。

A(　　)　　B(　　)

正解

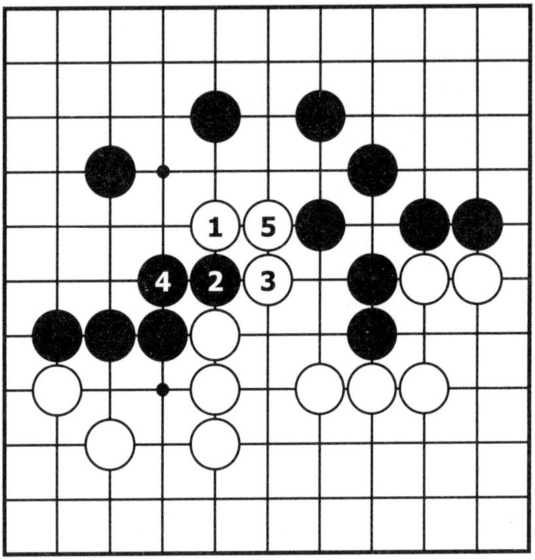

白 1 选择正确。白棋自身不存在危险，可以最大限度进入黑方地盘。

错解

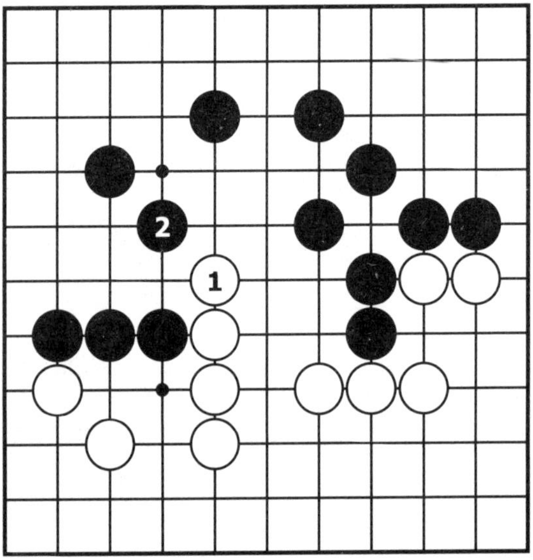

白 1 判断失误。此处并无风险，白1过于谨慎了。

11 第 11 题（白先）

难度：★★

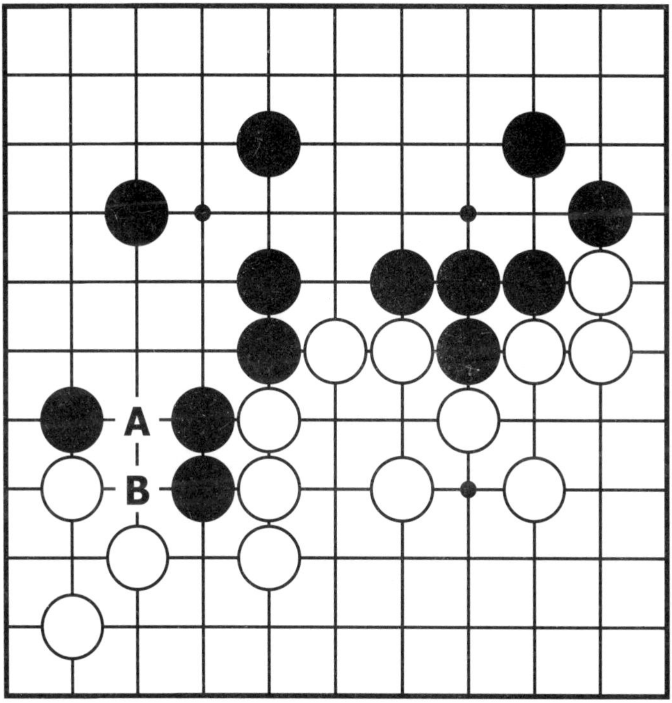

想一想，该如何限制对手围地呢？在正确选项后面的括号中画「√」。

A（　　）　B（　　）

正解

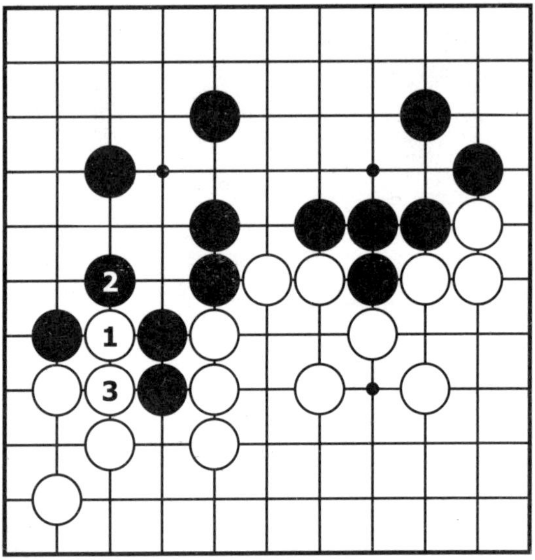

白 1 挖选择正确，这也是局部的手筋，可以最大限度地破坏黑地。

错解

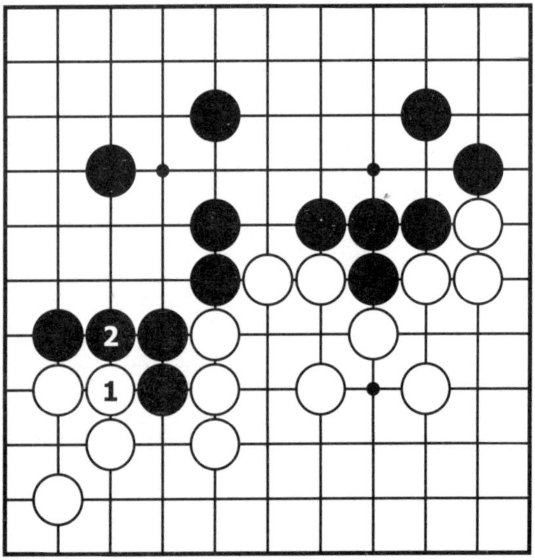

白 1 判断失误。此处并无风险，白 1 过于谨慎了，错过了破坏黑地的时机。

12 第 12 题（白先）

难度：★★★

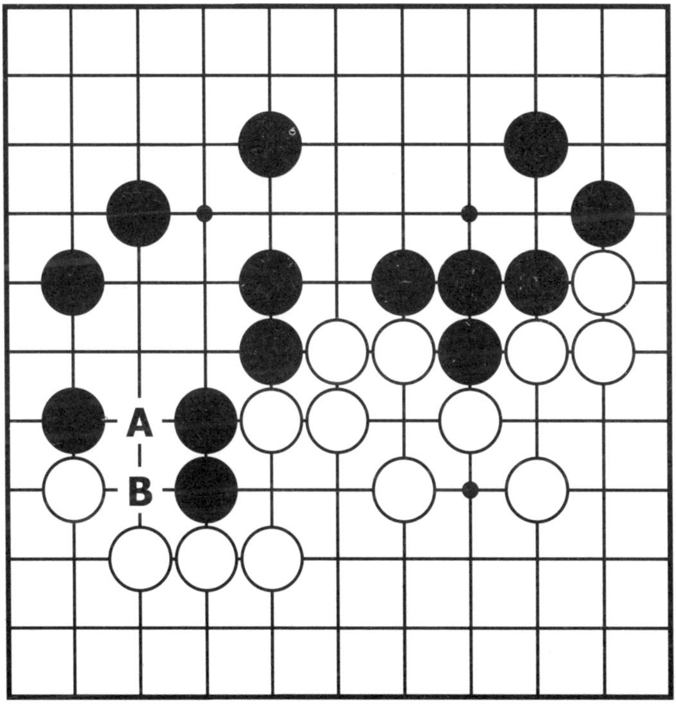

想一想，该如何限制对手围地呢？在正确选项后面的括号中画「√」。

A（　　）　　B（　　）

正解

白 1 选择正确。此时老老实实地行棋，即是正解。

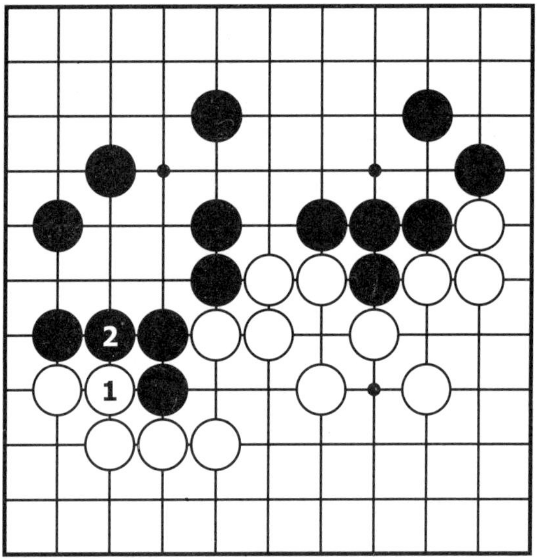

错解

白 1 判断失误。此处挖并不成立，黑 2 断吃后白棋将被杀。

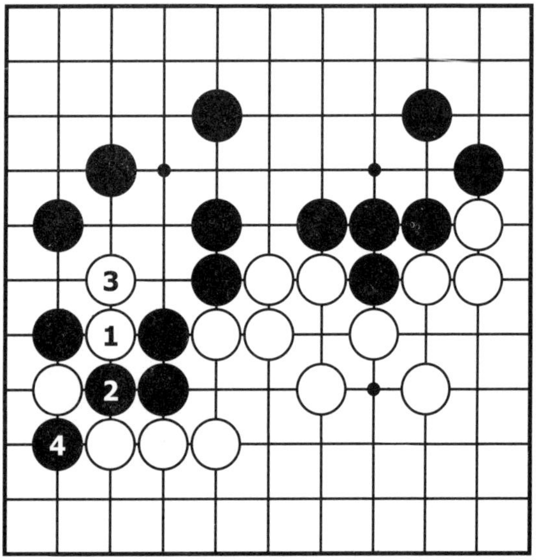

13 第 13 题（白先）

难度：★★★

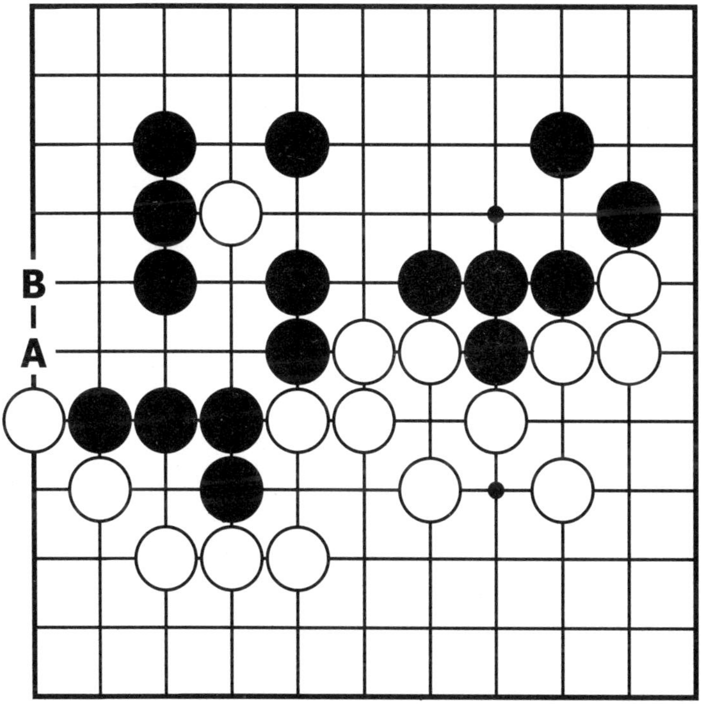

想一想，该如何限制对手围地呢？在正确选项后面的括号中画「√」。

A（　　）　B（　　）

正解

白 1 选择正确。白棋自身不存在危险，可以最大限度进入黑方地盘。

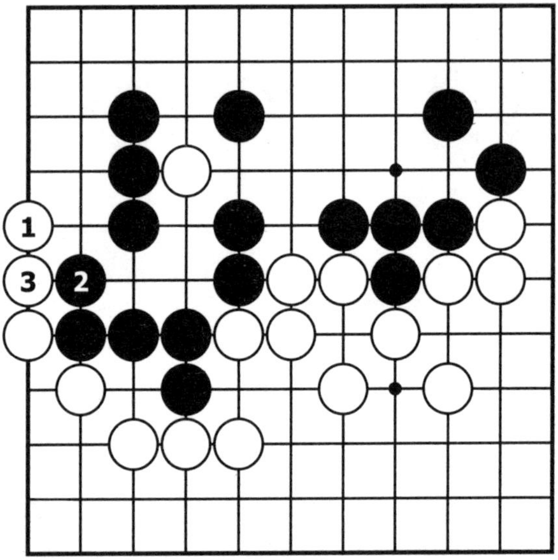

错解

白 1 判断失误。此处并无风险，白1过于谨慎了，破坏力度不够。

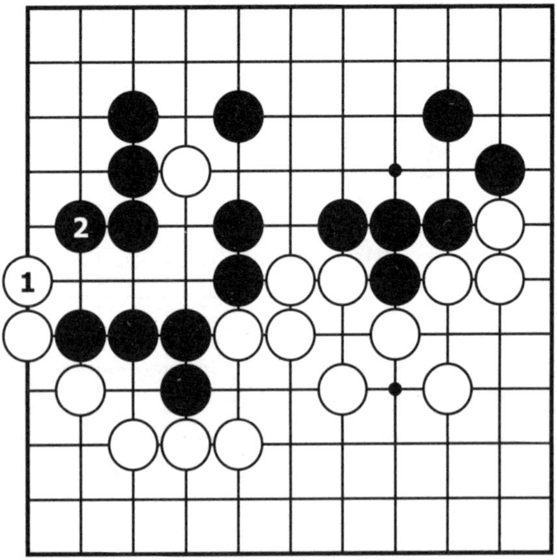

14 第 14 题（白先）

难度：★★★

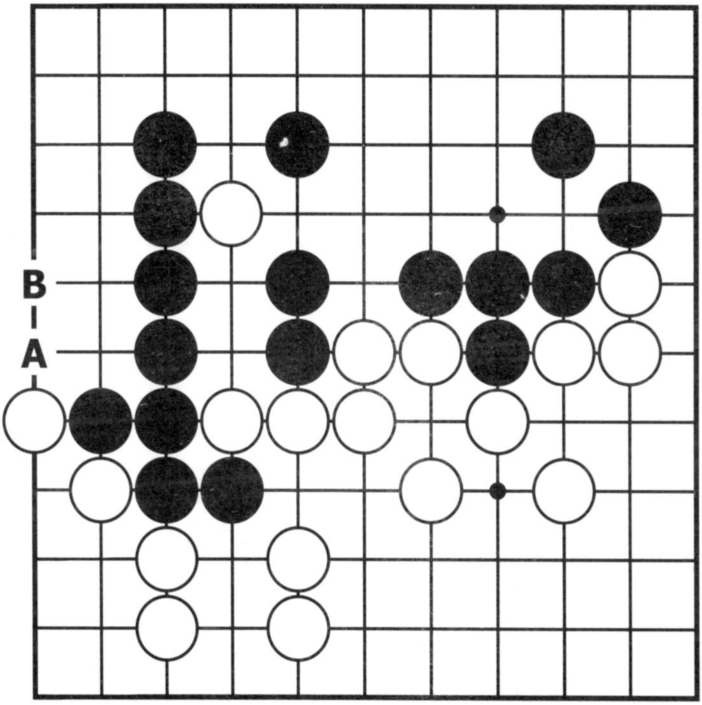

想一想，该如何限制对手围地呢？在正确选项后面的括号中画「√」。

A（　　）　B（　　）

正解

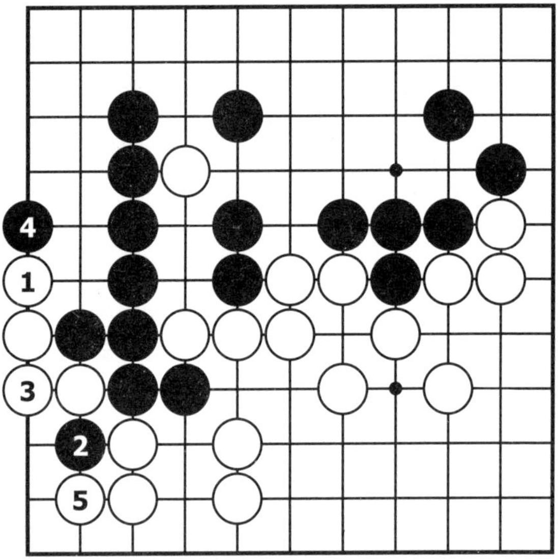

白 1 选择正确。多进一点算一点，不能贪心。

错解

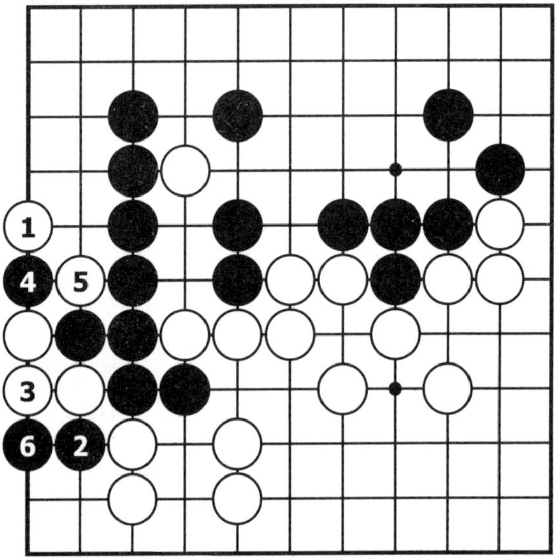

白 1 判断失误。黑 2 打吃后于 4 位扑是手筋，白棋被全歼。

15 第 15 题（白先）

难度：★★

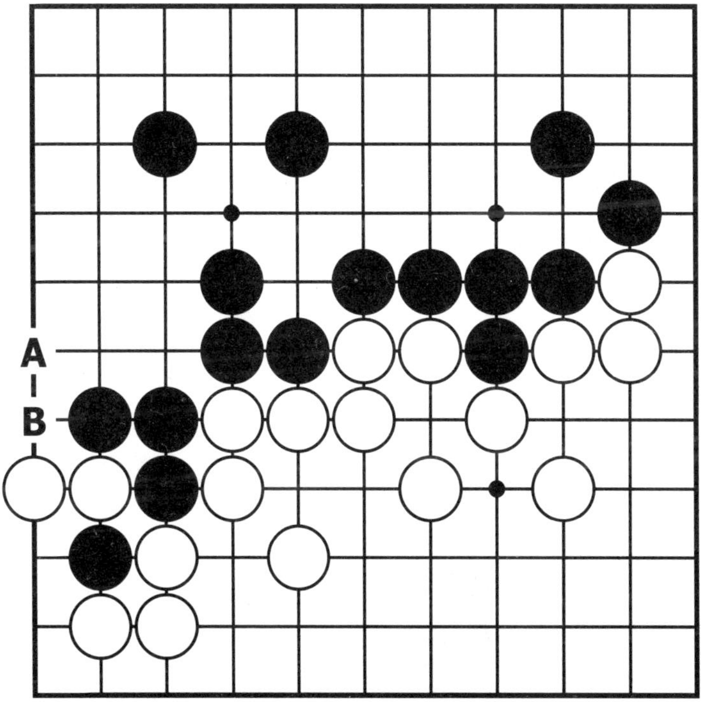

想一想，该如何限制对手围地呢？在正确选项后面的括号中画「√」。

A（　　）　　B（　　）

正解

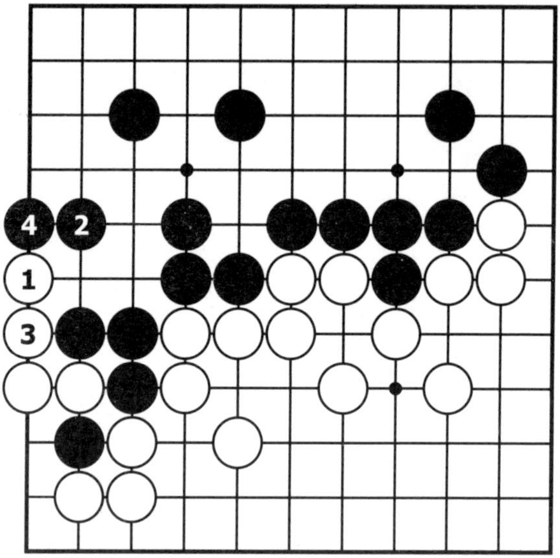

白 1 选择正确。本题颇具难度，需要精确的计算。白 1 跳是绝妙的手筋，黑 2 不敢在 3 位断开白棋，否则黑棋自身将被反杀。

错解

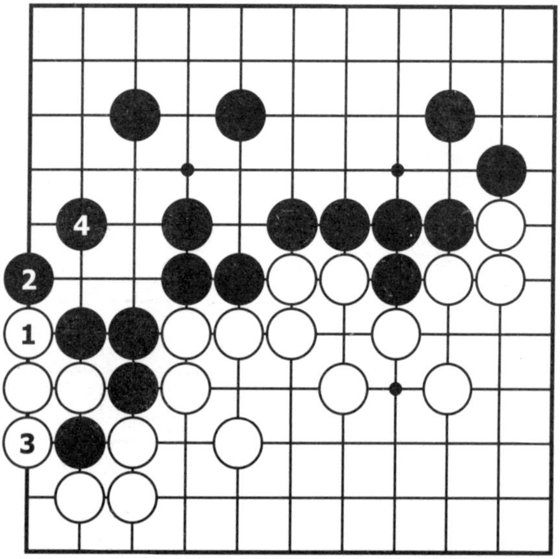

白 1 判断失误。虽然先手破了一点，但不是最佳结果，错过了破坏黑地的好机会。